JN410960

얘들아, 나를 할머니라 부르지 말고
윤순이 할머니라 불러라!

애들아, 나를 할머니라 부르지 말고
윤순이 할머니라 불러라!

초판 발행 | 2016년 4월 30일

글 | 송현 펴낸이 | 송승용 펴낸곳 | 도서출판 티움 디자인 | design Vita
등록 | 제 314-000011호 주소 | 서울시 양천구 신정동 1009-6 전화 | 324-2010
팩스 | 324-2012 E-mail | tiumbooks@naver.com

「이 도서의 국립중앙도서관 출판시도서목록(CIP)은 서지정보유통지원시스템 홈페이지(http://seoji.nl.go.kr)와
국가자료공동목록시스템(http://www.nl.go.kr/kolisnet)에서 이용하실 수 있습니다.
(CIP제어번호 : CIP2016010078)」

얘들아, 나를 할머니라 부르지 말고 윤순이 할머니라 불러라!

야생의 사자로 키우는 창의적이고 강한 가정교육

송 현

티움

"어린이의 최대 적은 어머니이다!"

그러나 가정교육을 제대로 하면 무죄이다.

송현(시인. 전 한국어린이문학협의회장)

프로이트의 제자이고 세계적인 심리학자인 빌헬름 라이히는 다음과 같은 말을 했다.

"어린이의 최대 적은 어머니이다!"

이 말은 어머니가 가정교육을 잘못하면 자식의 앞날을 망칠 수 있음을 강조한 말로 해석할 수 있다. 그러나 가정교육을 잘한다면 최대의 적이 아니라 최대의 스승이 될 것이다.

인간이 할 수 있는 일 중에서 가장 위대한 일은 어머니가 되는 것이다. 왜냐면 어머니는 새로운 생명 즉 아이를 낳기 때문이다. 그런데 문제는 아이를 낳는다고 다 위대해지는 것은 아니다. 자녀의 운명을 좌우하는 가정교육이라는 중요한 책임을 져야하기 때문에 어머니가 가장 위대한 것이다.

자녀교육은 크게 두 가지로 나눌 수 있다. 하나는 가정교육이고 다른 하나는 학교교육이다. 이 둘이 적절하게 보완을 잘 해야 좋은 결실을 맺을 수 있다.

그런데 문제는 오늘날 이 땅의 학교교육은 황폐해질 대로 황폐해지고 무너질 대로 무너지고 말았다는 사실이다. 심지어 "학교는 죽었다"는 절망적인 탄식도 나오고 있다.

그렇다! 학교는 이미 죽었다! 죽은 학교에서 올바른 교육을 기대하는 것은 그야말로 연목구어(緣木求魚)가 아닐 수 없다. 아는 사람은 다 알겠지만, 한 교실에서 수십 명의 학생들이 책상에 엎드려 당당하게 자고 있는 것이 어느 학교 어느 교실에서나 볼 수 있는 흔한 풍경이다. 거기다가 교사를 폭행하는 학생들이 늘어나는 사례도 비일비재한 현실이다. 학교교육이 이 지경이 되고 말았으니, 교육의 두 축을 이루고 있던 하나가 완전히 무너진 셈이다.

학교가 죽은 마당에 남은 것은 가정교육뿐이고 기대할 것도 가정교육뿐이다. 이제 가정교육이 과거보다 10배 아니 100배는 더 중요하게 되었다. 가정교육은 공교육이 살아있던 시대와는 전혀 다른 중요한 의미로 새롭게 뜨거운 감자로 부상하였다. 그래서 더 더욱 어머니들은 제 역할을 해야 한다.

나는 시를 쓰는 시인만이 아니고 재미있는 동화도 쓰고, 킥킥 웃음이 터지는 동시도 쓰는 아동문학가이다. 또한 나는 여러 권의 소설을 쓴 소설가이기도 하고, 여러 권의 칼럼을 쓴 칼럼니스트이기도 하다. 그런가 하면 나는 오랜 기간 학생들을 가르친 교사이고 교수이다. 나는 방송인이기도 하다. 라디오 방송을 진행한 것도 여러 차례이고, TV에서 MC를 한 적도 있고, 매주 하는 TV 특강을 1년 동안이나 하고 인기가 좋아서 제목을 바꾸어서 6개월을 더 한 적도 있다. 나는 공병우 타자기주식회사의 사장도 하고, 청와대 한글기계화정책 자문도 하고, 세종시 명칭제정자문위원장도 하고, 한국 현실문제연구소 소장도 하고 한글문화원장도 하고 책을 70여 권이나 집필하는 등 여러 가지 일을 하였다.

그런데 내가 이런 여러 가지 일들을 할 수 있었던 것은 크게 두 가지 이유 때문이라고 생각한다. 먼저 엘렌 골드 화잇의 유명한 말, "자연은 위대한 교과서이다"처럼 나는 농촌에서 유년을 보냈기 때문이다. 그래서 나는 위대한 교과서를 통해서 배웠다. 거기다가 우리 어머니에게 받은 어머니의 여러 가지 건강한 가정교육이 자양분이 되었다.

오늘날 세상은 급속도로 변해가고 있다. 구글이 선정한 세계 최고의 미래학자인 토마스 프레이는 "2030년까지 전 세계에서 20억 개의 일자리가 사라질 것"이라고 말했다. 거기다가 옥스퍼드 대학의 칼 프레이 교수와 마이클 오스본 교수는 미국의 일자리 중 47% 가량이 20년 내에 사라질 거라는 충격적인 연구 결과를 내놨다.

독일은 "위키디피아에 나오는 지식들은 이제 가르칠 필요가 없다."고까지 강조하면서 창의력을 키우는 것과 기계가 못하는 일들을 가르쳐야 한다고 주장하고 있으며 이에 대한 방안을 현재 연구 중이라고 한다. 영국은 "창의력과 알고리즘이 다음세대 직업의 필수요소일 것"이라며 초등학교부터 코딩과 아이들도 접근하기 쉽게 바꾼 알고리즘을 가르치기 시작했다고 한다.

지금까지는 '지식의 암기 시대'라고 할 수 있었다. 그런데 이제는 '지식의 검색 시대'가 도래했다. 개인 휴대 전화기를 통해 구글이나 네이버의 지식검색이 언제 어디서나 가능한 세상이 되었다. 이런 세상에 죽은 지식을 잘 외우는 것은 조금도 자랑이 될 수 없고 미덕이 될 수도 없다. 머릿속에 지식을 저장하는 지식인이 거의 무용지물이나 다름없어진 것이다.

그렇다면 내일의 주인공이 될 우리의 자녀를 어떻게 가르치고, 어떻게 키워야 할 것인가?

여러 해 전에 로버트 풀검(Robert Fulghum)이 쓴 《내가 정말 알아야 할 모든 것은 유치원에서 배웠다》라는 책이 세계적인 베스트셀러가 되었다. 풀검이 말한 유치원에서 배운 '정말 알아야 할 모든 것'은 다음과 같은 것들이다.

무엇이든지 나누어 가져라. 정정당당하게 행동하라. 남을 때리지 마라. 물건은 항상 제자리에 놓아라. 네가 어지럽힌 것은 네가 깨끗이 치워라. …… 균형 잡힌 생활을 하라. 배우고 생각하고 날마다 그림도 그리고, 노래도 부르고, 춤도 추고, 놀기도 하고, 일도 하라. 오후에는 낮잠을 자라. 밖에 나가서는 차 조심하고 손을 꼭 잡고 서로 의지하라. 경이로운 일에 눈 떠라. 컵에 든 작은 씨앗을 기억하라. …… 그리고 그림 동화책과 여러분이 태어나서 처음 익힌 가장 의미 있는 낱말인 '이것 봐!(LOOK!)'를 기억하라.

위에서 열거한 것들은 한 마디로 삶의 기본이고 교육의 기본이라고 할 수 있다. 이 기본을 제대로 갖추고 제대로 배운 다음에 그 다음 단계의 교육을 제대로 공부할 수 있을 것이다.

그런데 교육에서 가장 선행되어야 하고 가장 중요한 것은 교육목표이다. 따라서 기본 목표 설정을 제대로 해야 한다. 교육의 기본목표를 어떻게 설정하느냐에 따라서 구체적인 교육과정은 천차만별로 달라질 것이기 때문이다.

내가 생각하는 자녀의 교육 목표는 나날이 치열해지는 경쟁 사회에서 살아남아 주역이 되려면 동물원 사자가 아닌 야생의 사자가 되도록 가르치는 것이다.

과거 100년 동안 우리가 해왔던 교육은 동물원 사자를 만드는 교육이었다고 할 수 있다. 그러나 나날이 치열해지는 경쟁 사회에서 살아남아 주역이 되게 자녀를 키우려면 무늬만 사자인 동물원 사자가 아니라 진정한 야생의 사자로 교육해야 한다. 사실 동물원 사자는 무늬만 사자일 뿐 진짜 사자라고 할 수가 없다. 왜냐면 사자는 사냥을 해야 진정한 사자이기 때문이다. 다시 말하면 사냥을 하지 않는 사자는 진정한 사자가 아니다. 살만 뒤룩뒤룩 찐 동물원 사자는 경쟁에서 이길 수도 없고 살아남을 수도 없다.

날로 치열해지는 국제 경쟁에서 살아남으려면 동물원 사자가 아니라 야생 사자가 되어야 한다. 그러자면 세 살 버릇 여든 간다는 말처럼 세 살 때부터 가정에서 어머니가 어린이를 제대로 가르쳐야 할 것이다.

나는 이 소박한 책이 미래사회의 주역이 될 우리 자녀들을 야생의 사자로 가르치는데 작은 보탬이 되었으면 더 이상 바랄 것이 없겠다. 그런데 나는 이 책에서 '가정교육은 이래야한다'고 직접적으로 말하지 않았다. 이 책은 자녀교육을 '이렇게 해라 저렇게 해라' 하는 교육학자들의 죽은 이론을 설파하는 자녀교육서가 아니다.

단지 우리 어머니의 가정교육이 내게 어떻게 영향을 미쳤는지를 나의 체험을 통해서 소개할 뿐이다. 우리 어머니가 나에게 했던 가정교육은 내 삶에 가장 중요한 기초와 기본을 형성하는 뼈대가 되었다. 그래서 누구라도 우리 어머니가 내게 하신 가정교육의 일화들을 귀담아 들으면 자기 자식을 어떻게 키울 것인지에 대한 영감과 에너지를 얻을 수 있을 것이라고 생각한다.

이날까지 나는 우리 어머니보다 더 위대한 스승은 만나지 못했다. 앞서 로버트 풀검은 "소중한 모든 것을 유치원에서 배웠다"고 했는데, 나는 소중한 모든 것을 우리 어머니한테 다 배웠다. 그래서 누가 뭐라고 해도 나한테 가장 위대한 스승은 우리 어머니가 아닐 수 없다. 그래서 오늘도 나는 한 마리 야생사자로서 광대무변한 초원을 마음껏 달리면서 내 생애 절정의 날들을 행복하게 살고 있다.

2016. 2. 21

서울 장안동 연구실에서

송현

차림

제 1 장

주체성과 정체성이 인간의 최우선 덕목이다.

"나를 할머니라 부르지 말고 윤순이 할머니라 불러라!"

나는 어머니에게 배운 것이 한두 가지가 아니다. 그 중에 가장 중요한 것 중의 하나가 자기 자신을 귀히 여기는 태도이다. 요즘 흔히 쓰는 말로 하면 자기 정체성이라고 할 수도 있고, 주체성이라고 할 수도 있다. 이것은 한 인간의 기본이 되는 삶의 자세라고 할 것이다.

어머니는 평소에도 항상 자신을 귀히 여기었다. 어머니는 파평 윤씨네 종갓집에서 태어나서 올곧게 자랐다는 사실을 큰 자랑으로 삼았고, 언행에 묻어나는 그 긍지가 대단했다. 다시 말하면 어머니는 자신의 정체성을 지켰고, 그것을 자식들에게는 물론 심지어 손자들에게도 가르쳐 주려고 항상 애를 썼다.

어느 날 어머니가 서울에 왔을 때 일이다. 초등학교에 다니는 손자들에게 말했다.

"얘들아, 너희들에게 할 말이 있다."

우리 아이들은 할머니가 정색을 하고 부르자 혹시 무슨 잘못을 한 게 있는가 싶어서 잔뜩 긴장하여 할머니 앞으로 다가갔다.

할머니가 앉은 자세를 고치고는 근엄하게 말했다.

"내가 너희들에게 긴히 할 말이 있다. 내말 단디 들어라!"

아이들은 더욱 긴장하지 않을 수 없었다. 할머니가 말했다.

"이 시간 이후로 나를 부를 때 '할머니'라고 부르지 마라!"

아이들은 눈이 똥그래졌다. 작은 녀석이 의아해 하면서 물었다.

"할머니라고 부르지 않고 뭐라고 불러요?"

"너희들은 너희 아버지가 지어준 아름답고 귀한 이름이 있듯이 나도 우리 아버지가 지어준 귀한 이름이 있다. 내 이름은 윤순이다! 그러니 이제부터 나를 부를 때 '윤순이 할머니'라 불러라!"

어머니는 손자들에게 이 세상에 보통 '할머니'는 수없이 많지만 '윤순이 할머니'는 단 한 명밖에 없다고 설명했다. 그리고 다시 말했다.

"내가 죽고 난 뒤에도 나를 그냥 할머니로 기억하지 말고, 반드시 윤순이 할머니로 기억해라!"

어머니는 당신의 손자들에게까지 '할머니'란 보통명사를 거부하고, '윤순이 할머니'란 고유명사를 고집했다.

이렇게 자기 정체성이 삶의 곳곳에 묻어있는 어머니의 올곧은 삶을 보고 배운 탓인지, 내가 젊은 날에는 우리말과 글을 사랑하고 한글 기계화 운동도 열심히 했다. 우리말과 우리글을 사랑하고 갈고 닦는 것이 애국이며 그것이 곧 자기 정체성을 지키는 것이라 생각했다.

어머니에게 배운 대로 나도 내 이름을 소중하게 생각한다. 그래 그런지 나는 매사에 나의 정체성을 지키려고 노력한다.

내가 이날까지 살아오면서 알게 된 귀한 것 중의 하나가 바로 정체성이다. 그러니 정체성은 인간에게 가장 중요한 덕목 중의 하나라고 생각한다. 정체성이 없는 인간은 노예에 불과할 것이다.

노예선에서 있었던 일이다. 웃통은 벗고 발에 쇠사슬을 차고 노예들이 노를 젓고 있었다. 감독관이 가죽 회초리를 들고 왔다 갔다 하면서 노예의 등짝을 내려치면서 좀 더 빨리 노를 저으라고 다그치곤 했다. 감독관이 한 건장한 노예에게 다가가 발길질로 툭 차면서 말했다.

"너는 이 배를 탄지가 얼마나 되는가?"

노를 젓던 노예가 동작을 멈추고 감독관을 노려보면서 대답했다.

"너희놈들의 달력으로는 2년인데 나의 달력으로는 2백년이다!"

그러자 감독관이 말했다.

"넌 참으로 멋진 놈이다. 넌 비록 몸은 묶여있지만 노예가 아니다. 너는 자유인이다!"

사람은 누구나 자신을 귀히 여겨야 한다. 그래야 남도 함부로 하지 못할 것이다. 스스로 자기를 업신여기면 남도 업신여기고, 자기를 귀히 여기면 남도 귀히 여기게 된다. 만약 자기를 귀하게 생각하고 그에 맞는 생각과 행동을 하면 남들도 함부로 대하지 않을 것이다.

이런 의미에서 우리 어머니는 이미 어린 나에게 삶에서 가장 소중한 정체성을 자연스럽게 내 무의식 속에 각인해 주었던 것이다. 이 정체성은 내가 시를 쓰는 데는 물론이고 사랑을 하는 데도 중요한 기본이 되었다.

그리고 글을 쓰고 강연을 할 때도 아주 중요한 기본이 되었다. 그래서 나는 내 목소리를 가질 수 있었고, 내 색깔을 가질 수 있었다. 만약 어릴 때 어머니에게 보통명사만 배우고 고유명사를 배우지 않았더라면 나는 남의 흉내나 내는 원숭이나 앵무새의 삶을 살았을 것이다.

내가 상경하여 서라벌고등학교 교사를 할 때 버스로 출퇴근을 하였다. 버스 안에서 흘러나오는 유행가를 듣지 않으려고 나는 이 궁리 저 궁리를 했다. 마침내는 창 밖에 보이는 간판이나 도로표지판의 글자를 보다가 한글 글자꼴을 연구하겠다고 생각하였다. 조그만 수첩을 호주머니에 넣고 다니며 버스만 타면 창밖의 간판글

씨와 도로표지판 글씨를 보면서 이 궁리 저 궁리를 하였다.

버스만 타면 한글 글자꼴을 연구한 것이 무려 10년이 되었다. 그 결과물이 바로 내가 국내 최초로 쓴 〈한글자형학〉이다. 이 책은 단순한 책이 아니라 한글자형학이란 학문을 창시해낸 기념비적인 저작물이다.

최근에는 김일성 대학교 도서관에서 비치 요청이 올 정도로 귀한 책이 되었다. 내가 이런 독창적인 성과를 낼 수 있었던 것도 어머니에게 배운 할머니란 보통명사가 아닌 윤순이 할머니란 고유명사 정신 때문일 것이다.

“이 손은 귀한 사람이 될 손이다.”

얼마 전에 나는 페이스북에 내 사진 한 장을 올렸다. 누군가 그 사진 아래에 “송현 선생님은 사진만 보아도 자신감이 넘치는 것 같습니다.”라는 댓글을 달았다. 그 댓글에 나는 다음과 같은 댓글을 달았다.

“우리끼리 하는 말로 저는 자신감이 넘치는 정도가 아니라 실제 제 삶은 온통 자신감 덩어리입니다. 저는 자신감의 합계입니다. 저에게 자신감을 빼면 시체만 남을 것입니다. 이 자신감이 제 삶의 원천이고 원동력입니다. 저의 이 자신감은 어릴 때, 수없는 반복 학습을 통해서 우리 어머니가 심어준 것입니다……”

그렇다. 자신감이다! 내 삶의 키워드는 자신감이다. 아니, 자신감이 내 삶의 키워드가 아니라 내 삶의 원동력이다. 아니, 내 삶의 원동력이 아니라 내 삶의 출발이자 종착역이다. 그만큼 자신감은 내게 중요한 원천이고, 밑천이라고 할 수 있다.

내가 부산 명지초등학교에 들어가기 전 얼추 너덧 살 무렵의 일이다. 어머니는 기회 있을 때마다 내 고사리 손을 잡고 흐뭇한 표정으로 이렇게 말했다.

"니 손을 자세히 보이, 손이 보통 손이 아이다. 앞으로 억수로 귀하게 될 사람 손이다. 손만 봐도 이 에미는 다 안다. 니는 앞으로 반드시 훌륭한 사람이 될 것이다!"

어머니는 혼잣말처럼 중얼거렸지만, 사실은 나 들으라고 한 소리였다. 나는 그 말을 대충은 알아들었다. 어린 마음에도 그 말이 듣기 좋았다. 그 말을 들을 때마다 나는 앞으로 훌륭한 사람이 될 것이라 생각했다.

보들레르는 왼쪽 가슴에 장미꽃을 달고 다녔다고 한다. 그것은 평범한 사람들과 자기를 구별하기 위함이었다고 한다. 그렇듯 우리 어머니는 나의 손이 잘 생겼기 때문에 앞으로 훌륭한 사람이 될 것이라고 반복해서 세뇌를 시켰다. 그런 줄도 모르고 어린 나는 어머니 말이 정말인 줄 알았다. 그래서 내 손 예찬을 수없이 듣고 자라면서 은연중에 나는 남과는 다르다고 생각했다.

나도 모르게 내 속에는 어머니 말대로, '나는 앞으로 반드시 훌륭한 사람이 될 것'이라는 생각이 녹아들었다. 그래서 내 속에는 자신감이 있었고, 그 자신감이 마침내는 우월감이 되곤 했다. 그런데 이런 자신감과 우월감은 부산으로 중학교 유학을 가면서 깨어지고 말았다.

시골에서 초등학교 다닐 때는 내 동무들이 다 고만고만했는데, 부산에 가니 나보다 공부를 훨씬 잘하는 아이들이 많았다. 그제야 나는 어머니가 했던 말이 다 나 듣기 좋으라고 한 말이란 것을 알았다. 그러나 이미 내 속에는 자신감과 우월감이 깊게 뿌리가 내린 뒤였다. 그래서 어머니가 한 말을 믿고 싶었다. 나중에 어른이 되어서 곰곰이 생각해보니 그때 어머니는 나의 무의식 속에 나 자신을 귀히 여기는 마음을 강하게 심어준 것이 분명했다.

부산에서 중학교 국어 선생을 할 때 일이다. 그때 나의 정신적 스승인 함석헌 선생이 박정희 정권의 10월 유신에 반대하는 삭발을 하였다. 나는 부산에서 이 소식을 풍문으로 듣고 나도 이를 지지한다는 의미에서 학교에서 쫓겨날 각오를 하고 중등학교 교사로서는 전국에서 유일하게 삭발을 하였다.

삭발하여 두 주일도 자라지 않은 탈영병 같은 짧은 머리를 하고 서울 서라벌고등학교를 찾아가서 교장 선생님에게 "이 학교에 국어 선생으로 나를 채용해 달라."고 담판(?)을 하여 1974년 새 학기에 서라벌고교 국어 교사가 될 수 있었던 것도 바로 이 자신감 때문이었다.

거기다가 한글 타자기를 발명한 공병우 박사의 프러포즈를 받고 서라벌고등학교에 사표를 내고 공병우 한글기계화연구소로 직장을 옮길 수 있었던 것도 바로 이 자신감 때문이었다.

그 뒤 공병우 타자기주식회사 대표이사가 될 수 있었던 것도 이 자신감 때문이었다. 그리고 박정희 독재정권과 목숨을 걸고 글자판 투쟁을 하였던 것도 바로 이 자신감 때문이었다.

그밖에도 이날까지 살아오면서 수많은 결단을 내릴 수 있었던 것도 다 이 자신감 때문이었다. 만약 내게 자신감이 없었더라면 이런 많은 일들을 하나도 하지 못하는 범생이가 되고 말았을 것이다.

나는 스타의식이 아주 강한 사람이다. 여자라면 공주병이 심한 사람이다. 영문학을 전공한 김 모 박사는 언젠가 나를 보고 "자뻑 오빠"라고 놀린 적이 있다. 조금도 틀리지 않고 다 맞는 말이다.

나는 자뻑 오빠가 맞고, 공주병 환자 그것도 중증 환자가 맞다. 그런데 이날까지 내가 쓰러지지 않고 버틸 수 있었던 원천은 바로 내 속에 있는 자신감과 우월감 때문이라 생각한다.

이것이 내 삶의 기본이고 내 삶의 원동력이었다. 이 귀한 바탕을 심어준 것이야말로 우리 어머니가 내게 가르친 가장 귀하고 값진 교훈이 아닌가 생각한다. 내가 이날까지 크고 작은 수많은 난관에 부딪힐 때마다 주저앉지 않고 다시 일어설 수 있었던 것도 알고 보면 어릴 때 어머니가 심어주었던 스스로를 귀히 여기는 그 자신감

덕분이지 싶다.

어머니들이 자녀들에게 심어주어야 할 것 중에 가장 중요한 것이 바로 자신감이라고 생각한다. 특히 자신감을 어릴 때 심어주지 못하면 그 어린이는 자라면서 여기서도 쭈뼛 저기서도 쭈뼛 하면서 항상 뒷줄에 서고, 자기 생각을 당당하게 말하지도 못하는 소극적이고 비실비실하는, 눈치나 슬슬 보며 뒷자리에 항상 서 있는 사람이 될 것이라 생각한다.

이런 의미에서 나는 교육의 첫 번째 원칙은 자신감을 심어주는 것이고, 두 번째 원칙도 자신감을 심어주는 것이고, 세 번째 원칙도 자신감을 심어주는 것이라 생각한다.

"김구 선생 어머니와 내 생각은 전혀 다르다!"

내가 부산에서 고등학교에 다닐 때의 일이다. 어느 날 어머니와 무슨 말 끝에 김구 선생 이야기를 하였다. 어머니도 김구 선생에 대해서 제법 알고 있는 것 같았다. 내가 물었다.

"엄마, 김구 선생이 누군지 알아요?"

어머니가 양 미간을 찌푸리면서 말했다.

"야야! 니는 이 에미를 뭘로 아나? 아무리 무식해도 김구 선생을 모르는 사람이 어디 있단 말고? 니만큼은 몰라도 나도 김구 선생을 제법 안다!"

"엄마! 잘못했어요. 제가 사과드립니다!"

그제야 어머니는 찌푸렸던 미간을 바로 폈다.

내가 우리 어머니에게 양해를 구한 뒤, 김구 선생의 어머니에 대해서 좀 자세히 설명을 하였다.

곽낙원 여사는 1859년 2월 26일 황해도 장연에서 출생하였으며, 김순영의 부인이자 독립운동가인 김구金九의 어머니이다. 명성황후 시해사건으로 충격을 받고 봉기한 김구가 치하포에서 일본군 중위를 살해한 혐의로 체포되어 인천형무소 등지로 전전할 때, 매일같이 면회를 가서 아들을 격려하였다. 김구가 탈옥하자 남편과 같이 체포되어 인천형무소에 3개월간 투옥되었던 일도 있었다.

1910년 일제에 의하여 국권이 피탈되고, 남편이 숨을 거두면서 집안형편이 어렵게 되자 곽낙원 여사는 삯바느질과 남의 집 가정부 노릇을 하며 김구를 키웠다. 아들 내외가 환갑잔치를 베풀려 하였으나 시국의 어려움을 들어 거절하였다.

그 후 1922년 대한민국임시정부가 있는 상하이에 있다가 1926년 귀국하였다. 1934년 다시 중국으로 가서 김구를 격려하고 아들이 마련한 생일비용은 전액 무기구입자금으로 돌렸으며 찬거리를 줄여 군자금으로 충당하기도 했다. 82세로 충칭에서 순국하였으며 정부에서는 1992년 건국훈장 애국장을 추서하였다.

백범 선생의 주변 독립 운동가들이 어머니 생신날을 알고 잔치 준비한다는 소식을 전해들은 어머니는 그 돈을 자기에게 주면 음식을 만들어 먹겠다고 하여 돈을 받았는데 생일날 음식 대신 권총 두 자루를 내놓으며 "이역만리에서 독립운동을 한다는 사람들이 생일잔치가 다 무엇이냐"라고 나무랐다는 이야기가 전해진다.

이왕 소개한 김에 옥중에 있던 김구 선생에게 보낸 편지까지 소개했다.

장한 아들 보아라.
네가 어미보다 먼저 죽는 것을 불효라고 생각하면 이 어미는 웃음거리가 될 것이다. 너의 죽음은 한 사람 것이 아닌 조선인 전체의 공분을 짊어진다. 네가 항소를 한다면 그건 일제에 목숨을 구걸하는 것이다.
나라를 위해 딴 맘 먹지 말고 죽으라. 대의를 위해 죽는 것이 어미에 대한 효도다.
아마도 이 편지는 어미가 쓰는 마지막 편지가 될 것이다. 네 수의를 지어 보내니 이 옷을 입고 잘 가거라.
어미는 현세에서 재회하길 기대하지 않으니 다음 세상에는 선량한 천부의 아들이 되어 이 세상에 나오너라.

김구 선생 어머니에 대한 소개를 한 뒤 어머니에게 말했다.
"김구 선생 어머니는 아들을 조국을 위해 바치겠다고 했습니다!"
그러자 어머니는 너무나 뜻밖의 말을 했다.
"김구 선생 어머니와 내 생각은 전혀 다르다!"
내가 물었다.
"그게 무슨 말씀입니까?"

어머니가 말했다.

"나는 니를 조국을 위해서 못 바치겠다!"

너무나 뜻밖의 말을 하였다. 내가 물었다.

"그게 무슨 뜻입니까?"

어머니가 말했다.

"김구 선생 어머니는 조국이 자식보다 더 소중한지 몰라도 나에게는 조국보다 니가 더 소중하다. 그래서 니를 조국을 위해서 바칠 수가 없다는 말이다!"

나는 아무 말도 하지 못하고 망연자실하여 눈동자가 풀리고 말았다. 나도 모르게 내 눈에서는 눈물이 줄줄 흘러내렸다. 어머니에게 한발 더 다가가 어머니를 와락 껴안았다. 나는 말했다.

"엄마!"

더 이상 다음 말을 잇지 못하고 한참 동안 어머니를 껴안고 있었다. 내 볼에서는 하염없이 눈물이 줄줄 흘러내렸다. 내 귀에는 어머니가 한 말이 들려왔다.

"김구 선생 어머니는 조국이 자식보다 더 소중한지 몰라도 나에게는 조국보다 니가 더 소중하다. 그래서 니를 조국을 위해서 바칠 수가 없다는 말이다!"

"니가 내 오바 주머니에 손 넣는 것을 나물 무치다가 보았다!"

명지 초등학교 3학년 2학기 즈음이었을 것이다. 그때 우연한 기회에 요오깡(연양갱)을 처음 먹어보았다. 그 순간 나는 이 세상에서 요오깡이 가장 맛있는 과자라고 생각했다. 나는 그렇게나 맛있는 과자가 세상에 있다는 것이 좀처럼 믿어지지 않았다.

그 무렵 우리 동네 구멍가게서 팔던 과자는 다 합쳐야 대여섯 가지 밖에 되지 않았다. 비과, 진해콩, 십리과자, 부채과자, 사탕, 꽈배기 등이 그것이다. 그런데 난생처음 요오깡을 먹고는 나는 내 혀끝을 믿을 수가 없었다.

요오깡을 먹어본 이후로 내 혀끝에서는 요오깡 맛이 지워지지 않았다. 학교에 갈 때도 요오깡 맛이 생각났고, 공부하면서도 요오깡 맛이 생각났다. 그리고 집에 와서 잘 때도 요오깡 맛이 생각났다.

어떤 날은 가게 근처를 왔다 갔다 하면서 힐끔힐끔 요오깡을 훔쳐보곤 했다. 그럴수록 나는 점점 더 요오깡이 먹고 싶어졌다. 물론 나만 요오깡을 좋아한 것은 아니었다. 우리 동무들도 다들 요오깡을 좋아했다. 하지만 요오깡은 일 년에 한두 번 먹을 수 있을까 말까였다.

심지어 나는 요오깡 꿈을 꾸기도 하였다. 요오깡 공장에 사환으로 취직이 되어서 매일 일찍 출근을 하여 청소를 하고 심부름을 해주면서 이따금 공장에서 나온 부스러기 요오깡을 잔뜩 얻어먹는 꿈까지 꾸었다.

우리집에 돈이라곤 아무에게도 없었다. 아버지도 없었고, 할머니도 없었다. 단지 어머니 호주머니에만 돈이 몇 푼 있었다. 그것도 항상 있는 것이 아니고, 새벽시장에 무나 시금치 등을 내다 팔았을 때에 한해서이다.

마침내 나는 중대 결심을 하였다. 그것은 어머니가 새벽시장에 나가서 시금치나 호박이나 가지 등을 팔고 오면 어머니 오버 호주머니에 있는 돈을 훔치기로 작정을 한 것이다. 어머니 호주머니에서 돈을 훔칠 생각을 하는 순간 나는 간이 펄떡펄떡 뛰었다.

그러자 어머니를 바로 쳐다보는 것도 두려웠다. 어머니가 혹시 내 마음을 알면 어쩌나 하는 두려움 때문에 어머니를 바로 쳐다볼 수도 없었다. 그래서 어머니와 눈이 마주치기를 꺼려했다. 나도 모르게 슬슬 어머니의 눈을 피하곤 했다.

드디어 기회가 왔다. 어머니는 새벽시장에 시금치 따위를 큰 보따리에 잔뜩 싸서 머리에 이고 어두컴컴한데 집을 나섰다. 나는 어머니가 시장에 나가는 뒷모습을 이불 속에 숨어서 훔쳐보았다. 그리고는 뜬눈으로 어머니가 시장에서 돌아올 때를 기다렸다. 해가 뜰 무렵에 어머니가 볼이 상기된 채로 돌아왔다.

"오늘은 운이 좋았어. 진작 다 팔았다!"

시장에서 돌아오자마자 어머니는 방안에도 들어오지 않고 검정 오버를 툇마루에 걸쳐놓고 부엌으로 들어가서 가족들 아침 준비를 서둘러 했다. 그때 나는 자리에서 일어났다. 어머니가 나를 보고 말했다.

"우짠 일고? 잠꾸러기가 이리도 빨리 일어나다니!"

나는 그 말이 혹시 어머니가 내 계획을 눈치 채고 하는 말이 아닌가 하는 생각이 들어서 뜨끔했다. 그러자 다시금 심장이 펄떡펄떡 뛰기 시작했다. 우물가에서 세수를 하는 둥 마는 둥 하고 툇마루에 벗어놓은 어머니 오버 근처로 슬금슬금 다가갔다.

마침 어머니는 부엌에서 나물을 무치고 있었다. 때는 지금이다! 나는 재빨리 어머니 오버 호주머니에 손을 넣었다. 종이돈 한 장을 집었다. 천환이었다. 주위를 두리번거리며 종이돈을 꼬깃꼬깃 내 손바닥에 접어 쥐었다.

아침을 먹고 나서 나는 가게로 갔다. 평소에도 가게에는 손님이 거의 없었다. 아주머니는 방 안에 있었다. 손님이 가서 고함을 지르면 방안에 있던 아주머니가 부스스한 모습으로 나오곤 했다. 그런데 나는 가게 앞까지는 갔지만 "요오깡 주소!"라고 소리를 지를 용기가 나지 않았다. 그래서 가게 앞에서 쭈뼛쭈뼛하다가 가게를 지나쳤다. 동네 어귀까지 갔다가 다시 돌아와서 가게 앞에서 "요오깡 주소!"라고 소리를 지르려다 또 지나쳤다. 왜냐면 가게 주인아주머니가 꼭 이렇게 말할 것 같았다.

"임마, 너 이 돈 어디서 났니? 집에 친척이라도 왔니?"

나는 돈 나올 곳이 없다. 그리고 친척도 아무도 오지 않았다. 물론 친척이 온다고 다 나에게 용돈을 주는 것도 아니다. 나에게 용돈을 주는 친척은 몇 명 되지 않는다.

운이 좋아 그런지 가게 아주머니는 나에게 돈의 출처를 묻지 않았다. 그래서 나는 다소 안심이 되었지만 그래도 가슴은 두근두근했다. 요오깡을 두 개 샀다. 꼬깃꼬깃한 천 환짜리를 건네주었다. 그런데도 아주머니는 아무 말도 하지 않았다. 얼른 안으로 들어가고 말았다.

나는 요요깡 두 개를 주머니에 감추고 어디에 가서 먹을지를 생각하였다. 동네에서 요오깡을 먹었다가는 온 동네에 내가 요오깡 먹었다고 소문이 날 것이 분명했다. 그럴 수는 없는 노릇이다. 할 수 없이 사람들의 눈에 가장 적게 띄는 마을 앞 공동묘지 쪽으로 나가기로 했다.

마침 우리 등 너머 밭에 가려면 공동묘지를 지나야 한다. 누가 날 보고 어디 가냐 물으면 등 너머 밭에 심부름 간다고 둘러대기도 좋을 것 같았다. 나는 몇 번이나 뒤를 돌아보면서 공동묘지로 갔다. 다행히도 마을 사람들이 보이지 않았다.

나는 봉분이 가장 높은 묘지로 갔다. 봉분 뒤에 숨어서 계속 주위를 두리번거리며 불안하게 요오깡을 먹었다. 한입 베어 무는 순간 입안이 황홀하였지만 그날따라 그 맛이 아니었다. 혹시 누군가 봉분 뒤에 숨어서 요오깡을 먹는 나를 보고 "너 돈이 어디서 나서 요오깡을 사먹니?" 한다면 큰일이다. 혹시 누군가 나의 요오깡 먹는 모습을 볼까 주위를 계속 두리번두리번했다. 요오깡 먹는데 도무지 집중이 되지 않았다.

대학교 졸업을 앞둔 어느 날 부산 고향집에서 어머니와 저녁을 같이 먹었다. 내가 좋아하는 멸치 젓갈이 나오고 갈치조림도 나왔다. 나는 밥을 먹으면서 문득 요오깡 생각이 나서 물을 한잔 마시고 어머니에게 말했다.

"엄마! 제가 어릴 때 요오깡이 너무 먹고 싶어서 엄마 오바 호주머니에서 천환을 훔쳐서 요오깡을 사먹었어요!"

어머니는 아무 말도 않고 빙그레 웃었다. 내가 다시 말했다.

"엄마 오바 주머니에서 천환을 훔쳤다니깐요!"

그래도 어머니는 아무 말도 않고 빙그레 웃기만 했다. 내가 다시 물었다.

"엄마, 혹시 알고 있었나요?"

그제야 어머니가 말했다.

"니가 내 오바 호주머니에 손 넣는 것을 부엌에서 나물 무치다가 보았다!"

아아! 나는 비명을 질렀다. 그리고 말했다.

"그러면 그때 왜 회초리를 들지 않았어요? 통지표 고쳤다고 종아리에 피가 나도록 때린 그 회초리를 그때도 들었어야지요?"

어머니가 말했다.

"그래, 니 말대로 회초리를 들었다. 그런데 통지표 고친 것 때문에 니를 때린 지 며칠이 되지 않았다. 니 종아리 상처가 아물지 않았을 때이다. 그래서 차마 회초리를 들 수가 없었다. 나중에 상처가 다 아물면 그때 회초리를 들 생각이었다. 그리고 한편으로는 니가 연양갱이 얼마나 먹고 싶었으면 저랬을까 하고 모른 체 했다."

내가 자리에서 벌떡 일어나서 큰 소리로 말했다.

"어머니! 지금 종아리를 때려주셔요!"

어머니가 말했다.

"시끄럽다 누가 들을라!"

나는 아무 말도 못하고 어머니를 쳐다보았다. 어머니는 아무 일도 없었다는 듯이 시침을 뚝 따고 있었다. 그런데도 내 눈에는 두 줄기 눈물이 줄줄 쏟아졌다. 어머니는 내게 다가앉으면서 손수건으로 내 눈물을 닦아 주었다.

"사내가 여자에게 원한 살 일은 하면 안 된다."

내가 대학교에 입학했을 때의 일이다. 토요일에 시골집으로 갔다. 저녁을 먹고 마당에 모깃불을 피웠다. 콩깍지와 덜 마른 집단을 쌓고 불을 질렀다. 밤이 깊어지자 다른 사람들은 방안으로 다 들어갔고 마침내 어머니와 나만 남았다.

그때 어머니가 내게로 다가와 앉으면서 내 손을 잡았다. 나는 깜짝 놀랐다. 그런데 어머니의 표정이나 동작이 예사롭지가 않았다. 단순히 내 손을 잡은 것이 아닌 것이 분명했다. 나는 바싹 긴장했다. '이 손은 귀한 사람이 될 손이다.' 하는 말을 할 리는 없겠고, 혹시 무슨 폭탄선언을 하지 않을까 싶어 겁을 잔뜩 먹었다. 잠시 후에 어머니가 말했다.

"이제 니는 대학생이 되었으니 앞으로 멋진 여자 친구가 생길 것이다. 그런데 이 에미가 꼭 한 가지 당부할 것이 있다."

"뭡니까?"

어머니가 침을 한번 꿀꺽 삼키고 한 박자 늦추어서 말했다.

"사내가 여자에게 원한 살 일은 하면 안 된다!"

다시 한 번 내 손을 꼬옥 잡는 것이 예사롭지 않았다. 마치 무슨 유언이라도 하듯이 절절하고 간절함이 느껴졌다. 나는 갑자기 마음이 숙연해졌다. 뭐라고 대답을 해야 할지 몰라서 아무 말도 않을까 하다가 도저히 그냥 있을 수가 없었다. 내가 말했다.

"예, 엄마, 명심하겠습니다!"

어머니는 그 뒤로도 여러 번 같은 주문을 했다.

그날 이후로 나는 멋진 여자 친구를 만나서 사랑도 하고 이별도 하였다. 그 뒤에 새로운 여자 친구를 만나서 새로운 사랑도 하고 이별도 하였다. 그럴 때마다 어머니가 한 말이 내 귓전을 떠나지 않았다.

"사내가 여자에게 원한 살 일은 하면 안 된다!"

그래서 어머니 말대로 원한을 사지 않으려고 내가 잘못한 것은 아무리 사소한 것이라도 솔직하게 인정하고 용서를 빌었다. 그것은 어머니에게 배운 대로 내가 상대에게 어떤 섭섭함이나 원한도

사지 않아야겠다는 의지 때문이었다.

중학교 1학년 때 신문배달을 하여 나에게 국어사전을 선물한 아들이 무럭무럭 자라 대학에 들어갔다. 나는 입학식장으로 갔다. 악수를 하면서 축하 선물 꾸러미를 주었다. 선물 꾸러미 속에는 다음과 같은 편지가 들어있었다.

내 아들 XX에게
대학 입학을 축하한다.
네가 그토록 하고 싶어 하던 팬터마임 공부를 할 수 있게 되어 나도 참 기쁘다.
그동안 더러 힘겨운 기간이 있었지만 좌절하지 않고 바르게 자라서 오늘 대학에 입학하게 되어 더더욱 기쁘고, 고맙고, 네가 자랑스럽다.
너의 대학입학을 축하하는 의미에서 아비가 네게 두 가지 선물을 한다. 하나는 네가 우리 것을 소중하게 생각하고, 우리 것을 자랑스럽게 빛내는 사람이 되길 바라는 뜻에서 우리옷(개량한복)을 한 벌 선물한다.
네가 전공하고자 하는 연극뿐 아니라, 어디서 무엇을 하더라도 제 나라 말과 글, 넓게는 문화, 역사, 전통, 얼 따위를 바로 알고 자랑스럽게 갈고닦아 빛내는 사람이 되기를 바란다.

이따금 우리옷을 입으면서 아비의 뜻을 잊지 말기 바란다.
다른 하나는 네가 이제 한 남자로서 구실을 제대로 하고, 멋진 사랑을 하라는 뜻에서 콘돔을 한 세트 선물한다.
사랑과 성은 아름답고 소중한 것이다. 나는 네가 지혜롭고 멋진 여자와 멋진 사랑을 하면 좋겠다.
사랑을 통해서 네가 더 성숙하고, 실력 있는 사람으로 성장 발전하기 바란다. 특히 네가 앞으로 어떤 여자를 사랑하느냐에 따라서 네 운명이 달라질 것이다.
그러니 신중하게 행동하고, 네가 한 행동에 책임지기 바란다. 꼭 필요할 때만 이 콘돔을 요긴하게 아껴 쓰기를 바란다.
더 많은 이야기를 하고 싶었는데, 입학식에 늦을까봐 마음이 급해 이만 줄인다. 하기야 내가 굳이 더 말하지 않아도 너는 아비 마음을 잘 알 것이라 믿는다.

이 이야기를 인사동 어느 술집에서 사람이 여럿 모인 데서 했더니, 그 자리에 있던 무슨 방송국 아무개 PD가 말했다.

"송현 선생님, 그 이야기 참 재미있습니다. 더 많은 사람들에게 그 이야기를 들려주고 싶습니다. 제가 맡고 있는 프로에 나와 한 번 더 이야기해 주십시오!"

그이의 간곡한 부탁으로 무슨 생방송 프로에 나가서 이 이야기를 하는 바람에 전국에 소개가 됐다. 그 뒤 방송을 들은 분들 중에

“아드님, 콘돔 재고파악 해보셨어요?”라고 묻는 이가 더러 있는데, 그럴 때마다 “글쎄요” 하고 빙그레 웃고 말았다.

나는 마흔 다섯 살에 이혼을 했는데 아주 나쁘게 헤어졌다. 아이들에게 이렇게 말했다.

“너희 엄마와 드디어 이혼했다. 이제 그 여자 이야기는 절대로 꺼내지 마라! 혹시 그 여자가 죽었다면 죽었다는 소리는 해도 좋다! 그 소리 말고는 그 여자 이야기는 영원히 내 앞에서 하지 마라.”

이렇게 모진 말을 할 정도로 나쁘게 헤어졌다. 그 바람에 우리 아이들 가슴에 커다란 못을 박았을 것이고, 깊은 상처를 남겼을 것이다. 우리 아이들도 자기 엄마 이야기를 그동안 많은 세월이 흘렀는데도 단 한마디도 하지 않았다. 나는 애들 엄마가 어디에서 어찌 사는지 아무 것도 몰랐다. 그러구러 십수 년이 흘렀다.

문득문득 내가 대학교에 입학했을 때 어머니가 했던 말이 생각이 났다.

“사내가 여자에게 원한 살 일은 하면 안 된다!”

그럭저럭 십육 년의 세월이 흘렀다. 어느 날 나는 갑자기 애들에게 전화를 걸었다.

“아빠가 너희들에게 긴히 할 말이 있다!”

마침내 서른한 살인 딸과 스물아홉 살의 아들이 내 앞에 앉았다. 갑자기 당한 호출에 긴장한 아이들은 영문을 모르고 의아한 표정을 지었다. 마른기침을 한번 한 뒤 내가 무겁게 입을 열었다.

“애들아, 오늘 너희들에게 긴히 할 말이 있어서 보자고 했다. 사실은 너희 어머니를 만나야겠다!”

아이들은 눈이 휘둥그레졌다. 딸이 말했다.

“아버지, 지금 뭐라고 하셨어요?”

“너희 엄마를 만나야겠다고 했다.”

그러자 아들 녀석이 고개를 갸웃하면서 말했다.

“아니, 아버지! 그게 무슨 말입니까?”

나는 다시 냉수를 한 모금 마시고 말을 이었다.

“너희 엄마에게 사과를 해야겠다.”

아들이 말했다.

“예? 사과라니요? 아버지, 그게 무슨 말입니까?”

딸이 맞장구를 쳤다.

“엄마에게 사과를 한다니요? 난데없이 그게 무슨 말이세요? 아버지!”

다시 냉수 한 모금을 마시고 내가 말했다.

“너희들이 잘 알고 있듯이 네 엄마와 헤어질 때 아주 나쁘게 헤어졌다. 그런데 그동안 나도 더 많은 것을 경험하고, 더 많은 공부를 하면서 내가 많이 성장 발전하였다고 생각한다. 그래 그런지 내 생각이 어떤 부분은 많이 바뀌었다. 너희 엄마 문제만 해도 내 생각이 그전과는 아주 많이 바뀌었다. 그때는 모든 것을 내 본위로 생각하고 모든 것을 판단하고, 네 엄마를 단죄하였다. 그리고 이날까지 나는 아무 잘못이 없고 너희 엄마만 잘못한 것으로 여기고 살아왔다. 그런데 이제 생각하니 모든 것이 다 내가 잘못한 것이라고 생각한다. 그래서 너희 엄마에게 사과를 하고 용서를 빌 생각이다."

그러자 아들이 울먹이는 목소리로 말했다.

"아버지 입에서 그런 말이 나오다니, 정말로 기적입니다. 우리 가정에 이것이 기적이 아니면 무엇이 기적이겠습니까! 아버지 정말 감사합니다."

그러자 딸이 말했다.

"아버지, 고맙습니다. 오늘 우리에게 너무나 크고 귀한 선물을 주신 것이나 마찬가지에요. 아버지 고맙습니다. 앞으로 아버지께서 우리에게 어떤 것도, 어떤 선물도 주시지 않아도 좋습니다. 오늘 이 선물 하나만 해도 아버지가 이 세상에서 우리에게 해줄 수 있는 최고의 선물을 하신 거예요. 아버지, 감사합니다."

딸과 아들은 소리 내어 엉엉 울기 시작했다. 내 볼에서도 뜨거운 눈물이 하염없이 흘러내렸다.

"너희들이 네 엄마에게 내 뜻을 전해다오. 네 엄마가 내 사과를 받아준다고 하면 너희들이 입회한 자리에서 내가 정식으로 사과를 하겠다. 그리고 시간과 장소는 네 엄마가 정하면 나는 무조건

따르마."

드디어 애들 엄마와 만나는 날이 되었다. 딸아이의 공부방에서 만나기로 했다. 아들의 조언대로 꽃집에 가서 장미꽃 한 다발을 샀다. 딸애 공부방에서 애들 엄마를 만났다. 그녀를 보는 순간 그동안 참으로 많은 세월이 흘렀다는 것을 절감했다. 내 젊은 시절, 나를 첫눈에 반하게 했던 그 눈부신 미모의 여인이 이제 평범한 아주머니가 되어 있었다. 내가 정색을 하고 그녀에게 말했다.

"아무개 엄마, 오늘 제가 정식으로 사과하려고 합니다. 제가 모든 것을 제 본위로 판단하고 상대를 단죄하고 아무개 엄마에게 마음의 상처를 주고 아이들에게도 씻을 수 없는 큰 상처를 준 것에 대해서 사과하고 용서를 빕니다. 제가 다 잘못했습니다."

내가 용서를 비는 뜻에서 그녀에게 손을 내밀었다. 그녀는 어색한듯하면서 내 손을 잡아주었다. 그녀의 볼에서도 눈물이 흘러내렸다.

"고마워요, 아무개 아빠!"

그녀는 소리 내서 울기 시작했다. 아이들도 따라 울었다. 나도 소리 내 울었다. 한참 뒤에 울음을 그치고 생각해보았다. 그녀를 만나서 16년을 같이 살고, 그녀와 헤어진 지 16년이 흘렀다. 그러니까 그녀와 헤어진 지 16년 만에 다시 만나서 내 잘못을 사과하고 용서를 빌었던 것이다. 우리 아이들이 눈물을 닦을 생각도 않고 흐느끼면서 말했다.

"아버지, 고맙습니다. 오늘 이 감격스런 순간을 우리는 영원히 잊지 못할 것입니다."

그 순간 나는 애 엄마에게 다시 손을 내밀었다. 그녀가 내 손을 다시 잡아주었다.

사실 나는 처음에는 내가 그녀를 용서하는 것이라고 생각했다. 그러다가 얼른 생각을 고쳤다. 내가 그녀를 용서하는 것이 아니라 내가 그녀에게 용서를 받는 것이라고 생각을 바꾼 것이다. 그 순간 진정으로 남을 용서한 사람만이 남에게 용서 받을 수 있다는 생각이 내 머리를 스쳐 지나가는 것 같다. 그리고 내가 대학교에 입학했을 때 어머니가 했던 말이 떠올랐다.

"사내가 여자에게 원한 살 일은 하면 안 된다!"

"이것은 상이다, 상금을 받아라!"

우리 아이들이 초등학교에 다닐 때의 일이다. 작은 애가 1학년 큰 애는 3학년 무렵이었다. 명절 때는 부산에서 어머니가 서울 우리집에 왔다. 아이들은 오랜만에 만나는 할머니 앞으로 쪼르르 달려갔다. 할머니가 아이들에게 말했다.

"윤순이 할머니가 부산에서 중요한 몇 가지를 가지고 왔다."

어머니는 아이들에게 자기 자신을 지칭할 때 할머니라고 하지 않고 반드시 윤순이 할머니라고 했다.

아이들은 귀를 쫑긋하였다. 나는 어머니가 아이들에게 무엇을 하려는지 전혀 상상이 가지 않았다. 아이들에게 중요한 것이란 무엇일까? 아무리 상상해도 짐작이 가지 않았다.

어머니는 커다란 핸드백에서 이것저것을 꺼내기 시작했다. 부산에 있는 우리집 내 서재에 있던 책 중에서 시조집 한 권과 동화책

한 권을 챙겨온 것이다. 그리고는 신문전단지나 한 면만 인쇄된 유인물들을 모아서 적당한 크기로 자른 이면지를 활용한 메모지들이었다.

대단한 것을 기대했던 우리 아이들의 표정은 무척이나 실망했다는 듯이 그저 그랬다. 아마 우리 아이들은 윤순이 할머니가 '중요한 것을 몇 가지 가져왔다'고 하였으니 대단한 것을 기대하였던 것 같다. 그런데 막상 할머니가 핸드백을 뒤적여서 꺼낸 것들이 별것이 아닌 바람에 크게 실망하는 것도 어쩔 수 없는 노릇이었다. 윤순이 할머니가 아이들에게 말했다.

"윤순이 할머니가 너희들에게 좋은 시조를 읽어주겠다. 잘 듣고 외우기 바란다."

윤순이 할머니는 시조집을 펼쳐서 시조 한 수를 골라서 천천히 읽기 시작했다.

'동창이 밝았느냐 노고지리 우지진다
소치는 아이는 상기 아니 일었느냐
재 너머 사래긴 밭을 언제 갈려 하느니'

아이들은 시골 할머니가 시조를 읽는 것이 신기한 듯이 말똥말똥 쳐다보고 있었다.

윤순이 할머니가 말했다.

"이제 한 줄 한 줄 내가 읽을 테니, 너희들은 한번 따라 해 바라!"

윤순이 할머니가 첫줄 한 대목을 다시 소리 내 읽었다.

"동창이 밝았느냐"

아이들이 따라 했다.

"동창이 밝았느냐"

윤순이 할머니가 말했다.

"야, 너그들 참 똑똑한 애들이구나! 대번에 따라 하는구나!"

윤순이 할머니는 이번에는 두 번째 구절을 소리 내 읽었다.

"노고지리 우지진다."

아이들이 따라했다.

"노고지리 우지진다."

그러자 윤순이 할머니는 주머니 속에서 지폐를 두 장 꺼냈다. 그리고 이렇게 말했다.

"윤순이 할머니가 너희들에게 상을 준다. 너희들이 시조 공부를 잘하는 것이 참 자랑스럽다. 그래서 너희들에게 상금으로 이 돈을 준다. 자 상금을 받아라!"

아이들은 너무나 뜻밖의 일에 놀라면서도 싱글벙글하면서 윤순이 할머니가 주는 상금을 받았다.

윤순이 할머니는 시조 공부가 끝나자 이렇게 말했다.

"자, 오늘 시조 공부는 이것으로 마친다. 잠시 쉬었다가 끝말잇기를 공부한다. 너희들 끝말잇기가 뭔지 아나?"

그러자 두 애가 재비새끼처럼 대답했다.

"예, 할머니! 우리 끝말잇기 할 줄 알아요!"

윤순이 할머니가 말했다.

"끝말잇기도 해보고 잘하면 그때 또 상금을 주겠다!"

아이들은 벌써 신이 나서 표정이 더 밝아졌다. 윤순이 할머니는 첫 번째 운을 떼었다.

"과자!"

아이들은 윤순이 할머니의 끝말을 차례대로 이어갔다. 점점 이어짐에 따라서 분위기가 고조되어 갔다. 군데군데 끝말이 제대로 이어지지 않아도 다들 즐거워서 어쩔 줄을 몰랐다.

윤순이 할머니는 단순한 놀이를 멋진 공부로 전환하는데 탁월한 솜씨를 보였다. 그리고 상과 벌에 대해서도 수준 높은 생각을 아이들에게 일깨워주었다. 이런 윤순이 할머니의 교육적 발상이 아이들에게는 신선한 충격을 주는 것 같았다. 아이들은 윤순이 할머니 곁에서 떨어질 줄을 몰랐다. 밥 때가 되어도 아이들은 윤순이 할머니와 같이 먹으려고 했다.

그 뒤로도 어머니가 서울 우리집에 오면 제일 먼저 아이들을 불러서 동화책을 읽어주고, 시조놀이도 하고 끝말잇기도 하였다. 그때 마다 잘한다면서 적당하고 그럴 듯한 명분을 붙여서 칭찬을 한 뒤, 한놈 한놈 골고루 상을 주었다.

윤순이 할머니는 아이들에게 단 한 번도 명분 없는 돈은 주지 않았다. 용돈을 그냥 주는 법이 없었다. 반드시 아이들에게 시조외기나 끝말잇기 아니면 동요 부르기 등을 시켜서 그것을 심사하여 결과를 놓고 잘했다면서 상으로 주었다.

윤순이 할머니가 돌아가신 지가 근 이십여 년이 되었다. 그렇지만 나는 물론이고 우리 아이들의 가슴 속에는 생생하게 살아있다. 우리 가족들이 모여서 대화를 할 때 윤순이 할머니 이야기가 화제에서 빠지는 날이 단 하루도 없다. 이는 나뿐 아니라 우리 아이들의 가슴 속에도 보통명사인 '할머니'가 아니라 고유명사인 '윤순이 할머니'로 각인이 되어있기 때문이지 싶다.

"너는 에미를 눈으로만 보냐?"

부산 서대신동 판자촌에서 자취를 하면서 고등학교에 다닐 때의 일이다. 매주 토요일이면 가져온 쌀도 떨어지고 반찬도 다 떨어졌다. 그러면 다음 일주일치 쌀과 반찬 등을 가져올 겸 고향집으로 갔다. 아버지와 어머니 그리고 머슴과 소는 해질 때까지 밭에서 일을 하였기 때문에 내가 고향집에 도착할 무렵에는 거의 집에 아무도 없었다.

어머니는 해가 질 녘이라야 하던 일을 대충 마무리 하고 밭에서 돌아온다. 어머니가 돌아오는 모습을 보며 나는 반갑게 인사를 했다.

"엄마, 오랜만입니다. 그동안 별고 없었나요?"

어머니가 말했다.

"뭐가 오랜만이나?"

내가 말했다.

"일주일 만에 보는데 오랜만이지요?"

그때 어머니는 뜻밖의 말을 했다.

"일주일 만에 에미를 본다꼬?"

내가 대답했다.

"예, 일주일 만이지요. 지난 주 토요일에 보았으니까요."

그런데 어머니가 그날은 너무나 뜻밖의 말을 했다.

"그라모 니는 에미를 눈으로만 보나?"

처음에는 그 말이 무슨 소린지 나는 빨리 알아차리지 못했다. 그래서 반문하지 않을 수 없었다.

"엄마, 지금 뭐라고 했어요?"

어머니가 말했다.

"니는 이 에미 말을 코로 듣나?"

내가 난색을 표하자 어머니가 정색을 하고 다시 말했다.

"니는 에미를 눈으로만 보냐고 했다. 눈으로만 본다는 말을 못 알아듣겠냐? 고등학교에 다닌다는 늠이 이 말도 무슨 말인지 못 알아들어?"

그제야 나는 그 말이 무슨 말인지를 알았다. 그 말을 바꾸어서 말하면 다음과 같은 말일 것이다.

'나는 너를 눈으로만 보지 않고 마음으로 항상 본다. 그러니 일

주일 내내 너를 보고 있고 하루 온종일 자는 시간 빼고는 너를 매 순간 다 보고 있다!'

그 순간 나는 어머니를 와락 껴안으면서 말했다.

"엄마!"

그리고는 아무 말도 할 수가 없었다. 뭔가 속에서 뭉클 치밀어 오르는 것이 있었지만 정작 말로 표현할 길이 없었다. 어머니를 껴안고 있는 내 눈에는 갑자기 눈물이 줄줄 흘러내렸다.

그날 나는 참으로 많은 것을 생각했다. 어머니의 말에는 아주 깊은 뜻이 담겨 있었다.

"니는 에미를 눈으로만 보냐고 했다. 눈으로만 본다는 말을 못 알아듣겠냐?"

초등학교 문 앞에도 가본 적이 없는 어머니 입에서 나온 말이라고는 도저히 믿어지지 않았다. 나는 엄청난 충격을 받았다. 그날 밤 나는 좀처럼 잠이 오지 않았다. 이불 속에 눈을 감고 누워있었지만 어머니가 했던 그 말이 머리에서 떠나지 않았다.

그날 이후로 나는 어머니를 눈으로만 보지 않고 마음으로 보려고 노력했다. 그전에는 어머니를 눈으로만 보았기 때문에 일주일에 한번만 보았다. 그런데 그날 이후로는 나는 매일 어머니를 보게 되었다. 아니 삶의 매 순간순간 어머니를 보았다. 어머니는 항상 내 삶 속에 함께 있었다. 언제든지 어느 순간이든지 어머니를 떠올리나 떠올리지 않으나 어머니는 내 앞에 있었고 내 곁에 있었고 내 가슴 속에 있었다.

그날 이후로 나는 일주일 내내 어머니와 함께 살았다. 사실 그전에는 어떤 날은 어머니 생각을 한 번도 하지 않은 날도 있었다. 며칠 동안 계속해서 어머니 생각을 하지 않은 날도 있었다.

그런데 그날 이후로 나는 어머니를 보는 방식이 완전히 달라졌다. 눈으로 보는 것은 일주일에 한번이지만 마음으로 보는 것은 매일이었고, 매 순간순간 어머니를 보기 시작했다. 어머니는 내게 참으로 귀한 것을 일깨워주었다.

그래서 그런지 어머니가 돌아갔을 때 나는 남들이 보기에는 너무나 엉뚱한 일을 하지 않을 수 없었다. 어머니 시신을 화장을 하고 유골 상자를 받았을 때, 부산에서 온 큰누나에게 내가 말했다.

"누나야, 어머니 유골을 우리 고향집 마당과 어머니가 일하셨던 밭과 마을 노인정 그리고 낙동강에 뿌려주면 좋겠다."

그리고 나는 유골상자를 열어서 유골을 두 군데로 나누었다. 그러자 큰누나가 말했다.

"와아, 유골을 둘로 나누노?"

내가 대답했다.

"하나는 큰누나가 부산 가져가 아까 말한 곳에 뿌리고, 하나는 내가 가지려고!"

큰누나가 의아해하면서 물었다.

"아니, 유골을 뭐 할라고?"

내가 말했다.

"내게는 유골이 아니고 어머니다! 내 안방 머리맡 책상 위에 모셔두려고 한다!"

나의 태도가 너무나 단호했던지 큰누나는 조심스레 혼잣말처럼 중얼거렸다.

"유골을 집에 두면 사가 낀다는데…… 니 마음은 알겠는데 다시 한 번 잘 생각해봐라! 너그 집에 사가 끼면 뭐가 좋겠노?"

내가 말했다.

"어머니 유골 때문에 우리집에 사가 끼어 망한대도 할 수 없다. 나는 망할 때 망하더라도 어머니를 안방 머리맡에 모실 참이다! 그리고 내가 죽으면 그때 어미니 유골을 내 유골과 함께 낙동강에 뿌려주면 좋겠다."

그 자리에 있던 가족과 친지들이 나의 단호함을 보고 아무도 더 이상 토를 달지 않았다. 그 뒤로 나는 이날까지 어머니가 돌아가신 지 이십 년이 되는 동안 어머니 유골상자를 내 머리맡 책상 위에 모시고 산다.

옛날에 어머니가 했던 말이 생각난다.

"니는 에미를 눈으로만 보냐고 했다. 눈으로만 본다는 말을 못 알아듣겠냐?"

"사람에게는 돈보다 더 귀한 게 있다."

내가 고등학교를 다닐 때이다. 어머니와 무슨 말 끝에 돈에 대한 이야기를 하였다. 나는 삶에서 돈이 얼마나 중요한지를 잘 안다는 요지의 말을 자신 있게 했다. 그러자 어머니는 내 말을 끝까지 다 듣고는 고개를 가로 저으면서 말했다.

"아니야! 돈이 다가 아니야! 니는 마치 돈이 인생에서 가장 중요한 것처럼 말을 하는데 나는 그렇게 생각하지 않는다. 니 말대로 돈이 중요한 거는 맞다. 그러나 돈이 최고로 중요한 거라고는 생각하지 않는다. 세상에는 돈보다 더 중요한 것이 있다!"

너무나 뜻밖의 말이었다. 초등학교 문 앞에도 가본 적이 없는 사람의 입에서 나오기란 거의 불가능한 말이 우리 어머니 입에서 나왔다는 것이 나는 믿어지지 않았다. 망치로 한 대 얻어맞은 듯한 느낌이었다. 더 정확하게 말하면 너무나 큰 충격이었다.

어릴 때 어머니가 했던 말 중에 나에게 충격을 준 것들이 적지 않다. 그 중에서 가장 놀랐던 말은 "사내는 X은 백근 입은 천근"이라는 말이었다. 그런데 초등학교 문 앞에도 가본 적이 없는 사람의 입에서 어쩌면 이런 고급스런 말이 튀어나올 수 있단 말인가?

나는 그 말을 여러 번 들었다. 그럴 때마다 어머니의 표정은 너무나 진지했었다. 단순히 멋진 말을 주워듣고 하는 그런 분위기가 아니었다. 어머니는 이 말에 담긴 뜻을 아주 정확히 이해하고 있는 사람 같았다.

그런데 오늘도 너무나 충격적인 뜻밖의 말을 하는 것이다.

"아니야! 돈이 다가 아니야! 니는 마치 돈이 인생에서 가장 중요한 것처럼 말을 하는데 나는 그렇게 생각하지 않는다. 니 말대로 돈이 중요한 거는 맞다. 그러나 돈이 최고로 중요한 거라고는 생각하지 않는다. 세상에는 돈보다 더 중요한 것이 있다."

나는 갑자기 어머니가 무서워졌다. 뭐라고 대꾸를 할 수도 없었고, 그렇다고 질문을 할 수도 없었다. 우리 어머니 같지 않았다. 일류대학을 나온 유식한 남의 어머니 같았다. 나는 아무리 상상을 해봐도 초등학교 문 앞에도 가보지 못한 사람의 입에서 이런 수준 높은 말이 나온다는 것을 상상할 수가 없었다. 그리고 지금 내 앞에 있는 우리 어머니가 한 말이라고는 더더욱 믿을 수가 없었다.

나는 그때까지 돈의 중요성에 대해서 그럴싸하게 말을 했는데, 그것이 어머니의 말로 인해 그만 무색해지고 말았다. 내가 한 말은 모두 쓰레기가 되고 말았다. 어머니는 내게 귀한 화두를 던진 것이나 다름없다.

"아니야! 돈이 다가 아니야! 니는 마치 돈이 인생에서 가장 중요한 것처럼 말을 하는데 나는 그렇게 생각하지 않는다. 니 말대로 돈이 중요한 거는 맞다. 그러나 돈이 최고로 중요한 거라고는 생각하지 않는다. 세상에는 돈보다 더 중요한 것이 있다."

'세상에는 돈보다 더 중요한 것이 있다.'

나는 그것이 무엇인지 한마디로 대답할 자신이 없었다. 대답할 자신이 없다는 것은 아직 그것이 무엇인지 명료하게 모른다는 의미이다. 그렇다면 내가 알고 있던 돈이란 참으로 보잘 것 없는 것으로 전락하고 마는 것이다.

그렇다면 어머니가 말한 '돈보다 더 중요한 것'이란 무엇일까? 아무리 생각해도 정답을 알 수가 없었다. 할 수 없이 정면 돌파를 하기로 했다. 내가 물었다.

"엄마, 오늘 대단히 중요한 말씀을 하십니다. 돈보다 더 중요한 것, 그것이 무엇인지 가르쳐 주십시오!"

참으로 놀랍게도 어머니의 대답은 나를 경악하게 했다.

"그것이 무엇인지는 내가 말해주는 것보다 니 스스로 알아내는 것이 더 좋을 것 같다. 그러니 앞으로 공부를 제대로 하여서 그것이 무엇인지 알기를 바란다. 그때까지 나는 그것을 말하지 않을 것이다."

나는 그 자리에서 벌떡 일어났다. 그리고 말했다.

"엄마, 제가 참 어리석은 것을 이제 알았습니다. 그리고 지금까지 제가 한 공부가 참으로 가볍고 형식적이란 것도 알겠습니다. 엄마 말씀처럼 앞으로 열심히 공부하여 돈보다 더 중요한 게 무엇인지 제 스스로 알도록 하겠습니다. 엄마 용서해 주십시오. 제가 참 바보입니다. 그리고 한편으로는 고맙습니다. 저에게 이런 중요한 일깨움을 주신 것 참으로 고맙습니다. 고맙습니다. 엄마!"

어머니는 더 이상 아무 말도 않고 다만 빙그레 웃기만 했다.

그날 이후 나는 새로운 각오를 하고 공부를 하였다. 책을 읽을 때도 전보다 훨씬 숙연한 마음으로 책을 읽었다. 돈보다 더 귀한 것이 무엇일까를 염두에 두고 책을 읽었다. 공부를 할 때도 항상 돈보다 더 귀한 것이 무엇일까 하는 것이 제일 큰 화두였다.

나는 정말 운이 좋아 그런지 고등학교를 졸업하고 대학교에 입학할 무렵에 우연한 기회에 함석헌 선생을 알게 되었다. 그리고 선생님의 《뜻으로 본 한국역사》를 진저리를 치면서 읽었다.

함석헌 선생을 나의 정신적 스승으로 모시고 선생님의 책들을 읽으면서 혹은 선생님의 강의를 들으면서 나는 조금씩 성장하였다. 나는 내가 자라는 것을 어렴풋이는 느낄 수가 있었다.

1972년 10월 박정희 정권은 10월 유신을 선포했다. 그때 이 땅의 수많은 지식인들과 대학생들은 이를 반대하였다. 매일 시위 군중이 늘어났고, 전국은 하루도 조용할 날이 없었다.

그 이듬해 서울 수유리에 있는 한국신학대학 학생들이 10월 유신을 반대하는 의미로 전교생이 삭발을 하였다. 그러자 그 대학 교수들도 다 삭발을 하였다. 그러자 그 대학 김정준 학장도 삭발을 하였다. 이 소식을 듣고 함석헌 선생께서 한국신학대학에 가서 교정에서 연좌데모를 하고 있는 학생들을 격려하고 돌아오는 길에 고대 이발관에 들러서 삭발을 하였다.

그때 나는 부산의 사립중학교에서 국어 선생을 하고 있었다. 선생님께서 10월 유신에 반대하는 의미로 삭발하였다는 소식을 듣고, 나도 선생님의 뜻에 따른다는 의미에서 삭발을 하려고 작심을 했다. 그 결심을 할 때도 어머니가 했던 말이 떠올랐다.

"아니야! 돈이 다가 아니야! 니는 마치 돈이 인생에서 가장 중요한 것처럼 말을 하는데 나는 그렇게 생각하지 않는다. 니 말대로 돈이 중요한 거는 맞다. 그러나 돈이 최고로 중요한 거라고는 생각하지 않는다. 세상에는

돈보다 더 중요한 것이 있다."

그 순간 나는 어머니가 한 말의 뜻을 내가 체득했다는 것을 알 수 있었다. 그날 밤에 어머니에게 전화를 하여서 내가 삭발하는 연유를 설명하였다. 내 말을 끝까지 다 듣고 나서 어머니가 말했다.

"이제 니가 돈보다 더 중요한 게 무엇인지를 안 것 같구나!"

나는 어머니의 말을 듣는 순간 왈칵 눈물이 쏟아졌다. 전화통 너머로 내가 울먹이는 것을 눈치 챈 어머니가 말했다.

"학교에서 쫓겨나면 고향으로 돌아오너라. 에미랑 같이 농사짓고 살자!"

나는 더 이상 아무 말도 하지 못하였다. 전화가 끊어졌다. 어깨를 들먹이며 짐승처럼 울었다. 그리고 다음날 동네 이발관에 가서 삭발을 하였다. 나중에 안 일이지만 내가 박정희 10월 유신을 반대한다고 삭발을 한 전국 1호 교사였다.

1976년 서울 서라벌고등학교에서 교사직을 사표 낼 때도 어머니의 말이 떠올랐다. 멀쩡한 직장을 그만 두고 그때 70세의 공병우 박사 개인 연구소로 직장을 옮긴다는 것은 내 주위의 모든 사람들이 다 반대하는 일이었다. 그런데 그때도 어머니만은 내 의견을 존중해 주었다. 그때도 삶에는 돈보다 더 귀한 것이 있다는 논리의 조언을 해주었다.

그 이후로도 나는 내 삶의 기로에서 중요한 판단이나 결정을 할 때면 언제나 어머니가 했던 말이 북극성처럼 떠오른다.

"아니야! 돈이 다가 아니야! 니는 마치 돈이 인생에서 가장 중요한 것처럼 말을 하는데 나는 그렇게 생각하지 않는다. 니 말대로 돈이 중요한 거는 맞다. 그러나 돈이 최고로 중요한 거라고는 생각하지 않는다. 세상에는 돈보다 더 중요한 것이 있다."

"거지 노릇을 하더라도 당당하게 해라."

내가 명지 초등학교에 다닐 때 우리 마을 뒤에 있는 느티나무 아래에서 굿판이 벌어졌다. 마을 사람들이 구경하러 갔다. 나도 굿을 하는 것을 한 번도 본적이 없어서 참 궁금했다. 동무들과 같이 구경을 갔다.

느티나무에는 형형색색의 헝겊이 여기저기 걸려있어 잔칫집처럼 요란한 것부터 나의 호기심을 자극하였다. 제일 재미있었던 대목은 무당이 작두를 타는 것이었다.

한참 동안 뜸을 들이더니 마침내 무당이 버선을 벗기 시작했다. 한 짝을 벗는데 한참 걸렸는데, 나머지 한 짝을 마저 벗는 데는 더 많은 시간이 걸렸다. 그래서 나는 무당을 의심하였다. 저러다가 작두를 타지 않는 줄 알았다.

마침내 무당이 맨발로 작두 위에 올라갔다. 나는 아연실색하지 않을 수 없었다. 신기가 올라서 그런지 작두 위에서 껑충껑충 춤을 추는 것이었다. 나는 고개를 숙이고 무당의 발밑을 보려고 애를 썼다. 저러면 틀림없이 피가 나지 싶었다. 그런데 끝내 피는 한 방울도 나지 않았다. 내게는 큰 충격이었다.

굿이 끝날 무렵에 구경꾼들에게 떡을 돌렸다. 임시 과방 앞에 사람들이 줄을 섰다. 나도 줄을 서서 떡을 한 조각 얻어먹고 싶었지만 아무래도 줄을 설 용기가 나지 않았다.

"어린애가 여기 뭐 하러 왔나!" 하고 누가 꿀밤이라도 한대 먹일 것만 같았다. 그래서 떡 한조각도 못 얻어먹고 그냥 집으로 돌아왔다.

저녁상을 앞에 놓고 어머니에게 오늘 굿판에 간 이야기를 했다. 무당이 작두 타는 것도 본대로 이야기를 했다. 그리고 마지막으로 떡을 못 얻어먹고 온 이야기도 했다. 그러자 어머니가 기다렸다는 듯이 말했다.

"쯧쯧! 사내자슥이 그리도 소심해서야 어디 씨겠노! 그런 자리에서도 당당하게 줄을 서서 떡을 받아먹을 줄 알아야지! 사내가 쑥스럽거나 부끄럽다고 해서 오만 사람 다 주는 떡도 하나 못 얻어먹고 그냥 와? 사내자슥이 그라면 못 씬다!"

어머니는 거지 이야기를 예로 들었다. 우리집에 밥 얻어먹으러 오는 거지가 세 종류가 있다. 하나는 안에 들어오지 않고 삽작(대문)밖에 서서 "밥 좀 주소!" 하고, 하나는 마당 한가운데까지 들어

와서 "밥 좀 주소!" 하고, 하나는 마루까지 와서 마루에 걸터앉아서 "밥 좀 주소!" 하는 거지가 있다고 했다. 그리고 어머니가 말했다.

"거지 노릇을 하더라도 당당하게 해야지! 남의 집에 가서 밥을 얻어먹더라도 당당하게 얻어먹어야지! 니가 혹시 거지 짓을 하더라도 마루까지 가서 얻어먹는 당당한 거지가 돼라. 대문 밖에 서 있는 거지나 마당 안에 서 있는 거지에게는 밥을 한 숟갈 퍼주는데, 마루에 걸터앉아있는 거지에게는 할 수 없이 상에 차려주어야 한다. 수많은 거지들 중에 더러 마루에 걸터앉아서 밥을 달라는 당당한 거지도 있더라. 이 에미 말뜻 알겠나?"

"예, 엄마!"

어머니가 나에게 심어주고자 했던 것은 삶의 기본자세이다. 삶에서 어떤 자세를 취하느냐에 따라 결과물이 달라지기 때문이다. 당당한 자세로 일하는 사람과 비굴한 자세로 일하는 사람 중에 누가 더 좋은 성과를 낼까는 불문가지다. 그리고 당당한 자세로 일하는 사람과 비굴한 자세로 일하는 사람을 보는 세상 사람의 눈도 다르다. 매사에 당당하지 못하게 처신하면 당당한 대접을 받지 못할 것이다. 가령 내가 운영하는 송현 행복대학교 인터넷 카페의 경우도 위의 거지 이야기와 꼭 같은 상황이 벌어진다. 어머니가 예로 든 거지 이야기처럼 카페에 와서 인사를 하는 것도 그와 비슷하다.

카페에 와서 인사를 하는 것만 봐도 그가 당당한 사람인지 그렇지 않은 사람인지를 대충 짐작을 할 수 있다. 어떤 사람은 카페에 아무리 오랜만에 와도 당당하게 자기의 인사를 남긴다. 어떤 사람은 아무 말도 남기지 않고 슬그머니 도둑고양이처럼 몰래 사라진다.

설령, 인사말이 별말이 아니라도 한줄 인사를 남기는 것과 한줄 인사도 남기지 않고 슬그머니 도둑고양이처럼 흐지부지 가버리는 것은 하늘과 땅만큼 다른 태도이다. 이 태도는 결과를 크게 좌우한다. 그래서 삶을 태도의 결과물이라고 하는 것이다.

이런 사람들은 하루빨리 도둑고양이과에서 벗어나야 한다. 그것은 상대를 위해서가 아니라, 자기 자신을 위해서이다. 도둑고양이과에서 벗어나지 못하면 항상 아웃사이더로 살아야 한다. 아웃사이더는 주인공이 아닌 구경꾼이나 마찬가지다. 한 번도 무대에 서지 못하고 맨날 구경꾼으로만 살아야 한다. 무대 위에 서느냐 객석에서 구경꾼으로 사느냐는 그 사람의 삶의 태도가 좌우한다.

세상의 모든 일은 일하는 사람의 태도가 크게 좌우한다. 삶의 태도는 삶의 기본자세이다. 앞에서 인사하는 것 하나만 봐도 그 사람의 태도를 알 수 있다고 했다. 당당하게 인사하는 사람은 현관문 안으로 당당하게 들어갈 수가 있다. 현관문에 들어서지 못하면 아무 것도 할 수 없다. 그런데 적지 않은 사람들이 이 중요한 사실을 간과하며 살고 있다.

"공부 좀 못해도 좋다. 건강하기만 하면 효자다."

나는 낙동강 하구 김해평야의 남쪽 끝자락, 비옥한 농촌에 있던 명지초등학교를 졸업하였다. 명지초등학교를 졸업한 애들 100여 명 중에 대부분은 중학교에 진학을 하지 못했다. 그런 애들은 곧장 부모님의 농사일을 거들면서 마침내는 농부가 되었다.

그런데 가정 형편이 좀 좋은 아이들은 중학교 진학을 하였다. 중학교 진학을 하는 아이들은 크게 둘로 나뉘었다. 하나는 면소재지에 있던 사립 경일중학교로 진학했고, 다른 하나는 아예 부산에 있는 중학교로 유학을 갔다.

나는 부모님의 향학열이 높아 부산으로 유학을 가게 되었다. 부산으로 유학을 가는 아이들은 우리 학교 전체에서 몇 명 되지 않았다. 우리 동네에서는 최면장 아들 상길이와 황부자 아들 태중이, 그리고 나뿐이었다.

부산여고에 다니던 작은 누나와 함께 자취를 하기로 했다. 작은 누나는 내가 중학생이 되기 전부터 부산 보수동 검정 다리 근처에 있는 일본식 목조 건물 이층집에서 자취를 하고 있었다.

내가 누나 자취방 구경을 하려고 부산에 처음 가던 날이었다. 신흥여객 버스를 타고 대티고개를 넘는 순간 이층집들이 군데군데 보였다. 그 순간 나는 너무나 놀라서 나도 모르게 고함을 지르고 말았다.

"야, 이층집이다!"

버스 안에 있던 승객들이 나를 다 쳐다보았다. 나는 부끄러운 줄도 모르고 처음 보는 이층집이 하도 신기해서 눈을 떼지 못하고 있었다. 또 이층집이 나타나면 또 소리쳤다.

"저기 또 이층집이다!"

마침내 부산으로 유학을 떠나던 첫날이다. 일주일 치 쌀과 숯 그리고 김치와 간장 고추장 등을 봉지 봉지에 싸서 자루에 넣어서 어깨에 메고 양손에 들고 집을 나섰다. 나는 그 무거운 짐을 어깨에 메고 양손에 들었어도 하나도 무겁지가 않고 오히려 발걸음이 가볍기만 했다. 어머니는 신포 선창가까지 내 뒤에 따라오면서 아무 말도 하지 않았다.

드디어 신포 선창가에 닿았다. 4마력짜리 통통배를 타고 을숙도를 돌아서 낙동강을 건너 하단 선창가까지 가야했다. 통통배는 한 시간에 한 대가 있을 정도였다. 그것도 물때(조수)에 따라 들쭉날쭉 했다. 작은 배는 스무나므 명이 타면 비좁기까지 했다. 선창가에 서서 배가 오도록 기다리고 있었다.

한참 뒤에 사람을 가득 실은 통통배가 신포 선창에 도착했다. 배에 타고 있던 사람들이 내리자마자 선창에서 기다리고 있던 손님들이 앞 다투어 배에 올라탔다. 나도 온통 신경이 배에 가 있었다. 아까부터 옆에 있던 어머니는 내 안중에 없었다.

나는 정신없이 배에 타려고 하는데 누가 내 팔을 잡았다. 쳐다보니 어머니였다. 어머니가 심각한 표정으로 말했다.

"야야! 이 에미가 부탁할 말이 있다. 에미 말 단디 듣고 꼭 명심해라!"

내가 말했다.

"예 엄마!"

어머니가 말했다.

"내가 니한테 부탁할 게 한 가지 있다."

내가 말했다.

"뭔데요?"

어머니가 말했다.

"우짜든동 안 아파야 한다. 공부는 좀 못해도 좋다. 절대로 안 아파야 한다. 니는 안 아프기만 하면 효자다. 알겠나!"

내가 말했다.

"예 엄마! 절대로 안 아플 게요!"

마침내 통통배가 떠났다. 어머니는 한참 동안 손을 흔들고 선창가에 서 있었다.

부산 자취방에서 자취생활을 시작하였다. 아침이면 작은 누나가 아침을 차려 주었고, 도시락까지 싸주었다. 그러던 어느 날 아침이었다. 자고 나니 왜 그랬는지 몰라도 머리에서 열이 펄펄 났다. 아무래도 몸살감기 같았다.

내 머리를 짚어보고는 누나가 말을 했다.

"안 되겠다. 학교에 못 가겠다."

나는 말했다.

"안 돼! 가야 해!"

누나가 말했다.

"머리가 쩔쩔 끓는다. 내가 결석계 써줄 테니 오늘은 학교에 가지 말고 이불 속에 누워 있거라!"

작은 누나의 말은 단호하였다. 그 순간 작은 누나는 작은 누나가 아니라 나의 보호자 같았다. 마치 어머니가 말하는 것처럼 단호했다. 나는 작은 누나를 이길 수가 없었다. 부산으로 오기 전부터 몇 번이고 어머니가 말했다.

"이제 작은 누나와 둘이서 자취를 할 것이다. 그때는 너희 둘이

서 살아야 한다. 그러니 작은 누나 말을 잘 들어야 한다. 니를 위해서 밥도 해주고 도시락도 싸주고 양말도 빨아줄 것이다. 자기 공부하기도 바쁠 텐데 동생까지 챙겨야 하는 것이 얼마나 힘이 들겠노? 니 보호자인 셈이다.

그러니 절대로 누나에게 대들지 말고 누나 시키는 대로 해야 한다. 만약 누나 말을 거역하거나 누나 시키는 대로 하지 않으면 당장 더 이상 중학교에 다닐 생각을 하면 안 된다. 그때는 중학교도 뭐도 다 집어치우고 시골에 와서 농사짓는 일을 도와야 한다. 이 에미 말 명심해라!"

나는 누나가 시키는 대로 학교에 가지 않고 자취방에 누워 있겠다고 말했다. 누나는 다시 한 번 내 이마를 짚어보고는 걱정을 하면서 학교로 갔다.

자취방에는 나 혼자만 누워 있었다. 천장을 쳐다보고 한 시간 쯤 누워 있으니 별별 생각이 다 들었다. 크게 두 가지가 걱정이었다. 하나는 영어 숙제 검사도 맡아야 하고 국어 숙제 검사도 맡아야 하는 것이 마음에 걸렸다. 손바닥을 몇 대 맞는 것이 두려워서가 아니고 숙제 검사를 제때에 받지 못한다는 것이 너무나 찜찜했기 때문이다.

그 다음으로는 고향에 있는 어머니 생각이었다. 만약 고향에 계신 어머니가 이 사실을 알면 어쩔까 싶었다. 그 순간 고향을 떠나올 때 선창가에서 내 손을 꼭 잡고 말했던 어머니 말이 생각났다.

"우짜든동 안 아파야 한다. 공부는 좀 못해도 좋다. 절대로 안 아파야 한다. 니는 안 아프기만 하면 효자다. 알겠나!"

이런 생각을 하자 나는 마음이 편치 않았다. 머리에 열이 나는 것보다 어머니 생각을 하는 순간 내 마음이 답답하였다. 만약 내가 아파서 학교에 못가고 자취방에 누워 있다는 소식을 밭에서 일하다가 어머니가 듣는다면 무슨 일이 벌어질까를 상상하였다. 보나마나 어머니는 호미고 뭐고 다 집어던지고 미친 여자처럼 맨발로 부산 자취방으로 달려오실 것 같았다. 여기까지 상상은 별 문제가 없다.

그런데 그 다음이 문제가 심각하다. 우리 어머니는 차멀미와 뱃멀미를 너무 심하게 하였다. 그래서 어머니가 고향 명지에서 부산 서대신동 산비탈 판자촌에 있는 내 자취방에 도착했을 때는 멀미로 거의 초죽음이 되어 들것에 실려 가야 할 것만 같았다.

내가 이런 상상을 하자 나도 모르게 엉뚱한 결론이 났다. 다시 말하면 나는 생각을 고쳐먹지 않을 수 없었다. 내가 초죽음이 된 어머니의 불쌍한 모습을 안 보려면 내가 좀 머리가 아파도 참고 견뎌야 하고, 학교에도 가야 한다고 생각했다.

내 생각이 여기에 미치자 나도 모르게 자리에서 벌떡 일어났다. 머리가 매우 아팠고 이마에 열은 여전했지만 나는 고개를 가로저으면서 학교에 가야 한다고 스스로에게 다짐을 했다. 결국 나는 세수를 하고 책가방을 얼른 챙겨서 학교로 갔다.

학교 가면서 나는 내 스스로가 참 대견스럽다고 생각했다. 그리고 앞으로도 나는 어머니가 걱정하지 않게 절대로 아프지 말아야겠다고 다짐을 하였다. 어머니를 기쁘게 하는 것이 내가 건강한 것이라고 생각했다. 그러자면 농촌에서 나를 위해서 고생하는 어머니에게 다른 효도는 못하더라도 아프지 않는 것이라도 챙겨야 한다고 생각하였다.

그때 중학교 1학년 그날 한 결심을 나는 자주자주 떠올렸다. 그래 그런지 나는 그 뒤로 한 번도 아파본 적이 없다. 이날까지 육십여 년을 살아오면서 단 한 번도 약을 먹어본 적도 없고, 겨울에 춥다고 내복을 입어본 적도 없고, 단 한 번도 병원에 가본 적도 없다.

이것은 바로 그날 중학생이 되어 부산으로 유학을 떠날 때 낙동강 신포 선창가에서 어머니가 내 손을 잡고 하던 그 말 한마디 때문이지 싶다.

"우짜든동 안 아파야 한다. 공부는 좀 못해도 좋다. 절대로 안 아파야 한다. 니는 안 아프기만 하면 효자다. 알겠나!"

그때 하단 선창가에서 했던 어머니와 한 약속을 나는 육십여 년 동안 지킨 것이다. 어머니 말씀대로라면 나는 효자임이 분명하다.

그때도 어머니가 붙였던 '공부는 좀 못해도 좋다'는 단서는 참 마음에 들었다. 그 단서가 오늘의 나를 있게 한 밑천이 아니었나 싶다. 만약 그때 어머니께서 공부도 일등을 하라고 주문을 했더라면 나는 그 약속은 지키지 못했을 것이다. 그럴 경우에 어쩌면 스스로 부담을 느낀 나머지 가출을 했을지도 모른다. 그런데 어머니는 내게 공부 일 등 하라는 주문은 입 밖에도 꺼내지 않았고 단지 건강만 주문했다.

그래서 나는 학교에 다닐 때 더러 학과 성적이 좀 떨어져도 어머니의 말이 나에게 커다란 위로와 위안을 주었다. 생각하면 할수록 어머니는 내게 너무나 지혜로운 주문을 한 것이다. 만약 어머니가 날 보고 공부까지 잘해야 한다고 주문을 했더라면 나는 엄청 부담을 느꼈을 것이고, 수없이 많은 좌절과 절망 앞에 주저앉았을지도 모르고, 영영 일어서지 못했을지도 모른다.

주체성과 정체성이
인간의 최우선 덕목이다.

미국에서 요양원 노인 환자들을 대상으로 연구를 했다. 한 그룹의 환자들에게는 도우미들이 모든 일들을 돌봐 줄 것이라고 말해주었다. 방안의 화분도 도우미들이 돌봐줄 것이며, 영화 보는 날도 정해서 알려준다고 했다.

반면에 다른 한 그룹의 환자들에게는 그들을 모아놓고 왜 자신의 삶을 주체적으로 사는 것이 중요한지 짧은 강연을 듣게 하였다. 그리고 방안의 화분을 직접 돌보게 하고, 영화는 어느 날 밤에 볼 것인지, 밥은 언제 먹을 것인지, 전화는 언제 받을 것인지, 가구는 어떻게 정돈할 것인지 스스로 정하게 했다.

그런데 이 결과는 엄청난 차이가 났다. 자기 삶을 주체적으로 사는 기회를 더 많이 가진 환자들은 여가 활동에 더 많이 참여했고, 삶에 대한 태도도 훨씬 긍정적이었다. 또한 18개월 뒤에 조사해보

니 사망률도 50%나 낮았다.(연구자: 앨랜 랭어, 주디 로딘)

어느 읍 소재지에서 있었던 일이다. 일흔이 넘은 할머니가 혼자 살았다. 집이 넓어 방이 여섯 개나 되었다. 한 칸만 자기가 쓰고 나머지는 세를 놓았고, 그 세를 받아서 생활했다. 세를 놓은 뒤부터 할머니는 더 꼼꼼하게 메모하고, 더 꼼꼼하게 여러 가지를 관찰하였다. 할머니는 달력에다 자기 나름의 방식대로 꼼꼼하게 메모하면서 별 불편 없이 살림을 잘 꾸려 나갔다. 어느덧 여든이 가까웠다.

이웃에 딸이 살았다. 딸은 팔순의 노모가 혼자서 고생하는 것이 너무나 보기가 안쓰러워서 셋방 관리를 대신 해주겠다고 하였다. 딸의 갸륵함에 감동한 할머니는 그러라고 하면서 셋방 관리를 딸에게 맡겼다. 그런데 할머니가 셋방 관리를 딸에게 맡긴 이후로는 아무 것도 신경을 쓸 일이 없어졌다. 달력에 나름대로 꼼꼼하게 메모할 필요로 없고, 어느 방에 이상이 생기는지, 비가 새는지, 방풍창에 이상이 있는지, 하수구는 배수가 잘 되는지 따위를 조금도 신경을 쓸 일이 없었다. 그러자 할머니에게 치매가 왔고, 이 년을 고생하다가 돌아갔다. 딸은 할머니가 돌아간 뒤에 땅을 치면서 통곡을 하였다.

"내가 어머니를 도와드린다고 한 것이 결과적으로 어머니의 일을 뺏는 꼴이 되었어요. 차라리 어머니가 집세 관리를 할 수 있을 때까지는 하게 내버려 두었어야 하는 건데, 제가 생각이 짧았어요.

제 딴에는 도와드린다고 한 것이 결과적으로는 어머니를 도운 것이 아니었어요."

인간은 삶을 주체적으로 살아야 한다. 주체적 삶을 살지 않으면 인간이라고 할 수 없다. 내가 기회 있을 때마다 동물원 사자는 진정한 사자가 아니라고 강조한 바 있다. 동물원 사자는 사육사만 물지 않으면, 관람객만 물지 않으면, 늙어 죽을 때까지 동물원에서 먹여주고 재워주고 아프면 주사까지 놓아준다. 그러나 아무리 정육점 고기를 배불리 먹고 살이 뒤룩뒤룩 쪄도 사냥을 하지 않는 사자는 무늬만 사자일 뿐 진정한 사자가 아니다.

이런 의미에서 이 땅의 수많은 엄마들이 자식을 어릴 때부터 마마보이로 키우고 있다. 이런 엄마 밑에서 마마보이로 자란 아이는 나중에 성인이 되어도 주체적인 삶을 살기는 거의 불가능하다. 어떤 것도 주체적으로 결정하지 못하고 사사건건 어머니의 의견을 물어서 결정할 것이다. 어머니의 의견을 듣고 어머니의 훈수를 받지 않으면 아무 것도 주체적으로 결정할 수 없어진다. 이런 마마보이는 주체적인 삶을 살 수 없다.

그래서 이 땅의 자녀교육부터 주체적으로 달라져야 한다. 이 땅의 유치원에서는 어린이들에게 온갖 놀이를 가르치고, 춤과 노래를 가르치고, 글자를 가르치고, 거기다가 영어까지 가르치는데 혈안이 되어있다. 그런데 정작 중요한 것은 가르치지 않는다.

내 좁은 생각으로 유치원에서 꼭 가르쳐야 할 것 중에 하나가 자기 손수건과 양말은 자기가 빨게 하는 것이다. 유치원에서 일주일에 한 번씩 자기 손수건과 자기 양말 빠는 날을 정하고 그날은 여분으로 손수건과 양말을 따로 한 세트 준비해 오게 한다. 그날에는 어린이들이 자기 손수건과 자기 양말을 직접 빨아서 유치원 운동장 빨랫줄에 각자 이름표를 붙여서 널어놓고, 다음날 잘 마른 뒤에 걷어가게 해야 한다.

가령 남자 어린이가 유치원에서 이런 교육을 받고 자랐다면 나중에 성인이 되었을 때, 자기 마누라에게 손도 꼼짝하지 않고, 물 떠와라, 뭐 가지고 와라, 뭐 가지고 와라 하는, 여성을 노예 취급하는 저질 인간은 되지 않을 것이고 자기 아내를 '집사람'이라고 하지는 않을 것이고, 자기 아내를 '데리고' 다니는 인간은 되지 않을 것이다.

언젠가 나는 유명 소설가가 방송에서 인터뷰하는 것을 보았다. 그는 우리나라 최고 베스트셀러 작가이고 대학 교수까지 하고 정년퇴임을 하였다. 그가 외국 여행 다녀온 이야기를 인터뷰하는 중이었다. 기자가 물었다.

"선생님, 누구하고 다녀왔습니까?"

"우리 집사람을 데리고 인도 여행을 한 달 동안 하고 왔습니다."

이 소설가의 의식 속에는 은연중에 여성을 비하하는 것이 체질적으로 깔려 있음을 알 수 있다. 아니, 학교 문 앞에도 못 가본 구천동 범바위 고개 밑에 사는 최씨 정도라면 자기 아내를 '집사람'이라고 해도 아무 시비할 거리가 없다. 그런데 대학까지 나왔고, 대학교수까지 한 작가라는 사람이 자기 아내를 보고 '집사람'이라고 하면, 이런 인간의 의식 속에는 여자는 완전 노예로 생각하는 것이 뿌리 깊게 박혀있는 것이 아니겠는가? 노예까지는 아니라면 여자를 얼마나 낮춰보는가를 충분히 짐작할 수 있다. 아니 집사람이라고 하지 않고 '아내' 혹은 '마누라'라고 하면 누가 잡아가기라도 한단 말인가?

집사람에서 한 술 더 떠 '집사람을 데리고' 인도 여행을 한 달 동안 하고 왔다고 태연하게 말했다. 그 사람은 이 말이 얼마나 잘못인지도 모르지 싶다. 그는 자기 마누라를 강아지쯤으로 알고 있거나 아니면 하녀쯤으로 알거나 식모쯤으로 아는 것이 분명하다. 아니 '아내와 함께' 혹은 '아내와 같이' 갔다 왔다 하면 누가 잡아가기라도 한단 말인가?

이런 의미에서 이 땅의 젊은 여성들이 정신을 바짝 차려야 한다. 내가 굳이 '젊은'이란 수식을 한 까닭은 나이 많은 여자들이 살던 시대는 그 시대적 상황과 시대적 아픔이 그들이 감당하기에 너무 가혹했기 때문이다. 그래서 나이든 여자의 삶에 대해서 매도할 생각은 없다. 그들의 삶은 예외로 한다.

만약 그 소설가의 아내가 정신이 제대로 박힌 여자라면, 하다못해 중졸 정도라도 되는 여자라면 남편이 자기를 데리고 인도여행을 하고 왔다는 대목을 따지고 항의하고 사과를 받아내야 한다. 최소한 중학교 정도 나온 여자라면 남편에게 다음과 같이 항의해야 한다.

"당신은 나를 강아지로 알아요? 아니 당신이 나를 데리고 인도여행을 다녀왔다면서요? 당신이 대학까지 나온 인간인데 이왕이면 "아내와 함께 인도에 갔다 왔다"라고 하거나 "아내와 같이 인도에 갔다 왔다"고 하면 안 되나요? 그러면 누가 잡아가기라도 해요? 당신 눈에는 내가 한 인간으로 보이지 않고 당신의 하녀나 종년으로 보인단 말인가요? 나 앞에서 무릎을 꿇고 사과하고 내일 당장 당신 홈페이지에 공개적으로 사과하지 않으면 나는 당신에게 강아지 대우를 더 이상 받고 살 수 없어요. 혼자 살다가 굶어 죽더라도 나는 당신에게 강아지나 종년 대우를 받고는 못살겠어요! 빨리 내 앞에 무릎 꿇고 당장 사과하세요!"

이 땅의 여자들 중에는 멍청한 여자들이 너무 많다. 그것도 가난하여 못 배운 여자라면 몰라도 대학까지 나왔다는 여자들이 남편에게 인간적인 대우를 못 받고, 겨우 강아지 내지는 종년 대우를 받고 있으면서도 조금도 부끄러운 줄 모르고 조금도 가문 망신시키는 줄 모르고 살고 있다. 여자도 여자 나름이다. 어떤 여자는 강간을 당하거나 몸을 더럽히면 분하다고 칼을 물고 자결을 한다. 어떤 여자는 이놈저놈에게 눈웃음을 치면서 걸레 노릇을 하면서 산다.

다시 한 번 강조하지만 인간은 주체적 삶을 살아야 한다. 주체적 삶을 살려면 반드시 주체적인 정신이 있어야 한다. 주체적인 정신은 내가 주인이라는 의식이 몸속에 살아있음을 말한다.

하나마나 한 소리지만 노예 의식과 주인 의식은 다르다! 그런데 주체 의식은 어릴 때부터 집에서도 가르쳐야 하고 학교에서도 제대로 가르쳐야 한다.

주체 의식이 없는 인간은 맛있는 것만 주면 꼬리를 친다. 이런 인간은 적도 없고 아군도 없다. 이런 인간을 마음씨 좋은 인간으로 착각하는 바보들이 너무 많다. 맛있는 것을 주는 사람에게 다 꼬리를 치면 주체 의식이 있는 인간이 아니고 노예 의식 혹은 창녀 의식이 몸에 밴 인간이다.

불행하게도 우리 주위에는 이런 한심하고 저질스런 인간들이 너무 많다. 이 사람에게도 예스! 저 사람에게도 예스! 하는 여자는 온전한 여자가 아니고 창녀이다. 그런데 이런 여자를 마음씨 좋은 여자라고 생각하는 순진한 인간이 너무 많다. 이 사람에게도 예스, 저 사람에게도 예스하는 것은 마음씨의 문제가 아니다! 인간의 주체성의 문제이고 정체성의 문제이다. 주체성이 없고 정체성이 없는 인간은 걸레이다! 걸레는 아무리 빨아도 걸레일 뿐이다.

제 2 장

피카소의 모조 그림과 우리나라 어머니들

"부모는
자식의 혀끝과 붓끝으로 만든다."

내가 사십 중반에 KBS TV 「아침마당」에 나가서 어머니 이야기를 한 적이 있다. 촬영에 들어가기에 앞서 방송국 입구 공중전화 부스에서 부산에 계시던 어머니에게 전화를 하였다.

"엄마, 빨리 텔레비전 보세요!"

"멧 번이고?"

"구 번입니다, 구 번!"

나는 어머니에게 텔레비전 채널 번호를 두 번이나 다시 가르쳐 주고 전화를 끊었다. 어머니도 곧 보겠다고 했다.

방송이 시작되었다. 미리 준비했던 대로 아주 자연스레 내 이야기를 잘 하였다. 이 이야기 저 이야기 끝에 마침내 어머니 이야기를 잠깐 하였다. 나만 길게 우리 어머니 이야기를 할 상황은 아니었다. 어머니의 무슨 일화 하나를 소개하면서 재미있게 이야기를 하였다.

방송을 마치고 휴게실로 나왔다. 공중전화 부스로 가서 어머니에게 전화를 걸었다. 내가 말했다.

"엄마, 방송 봤어요?"

어머니가 대답했다.

"그래 잘 보았다. 니가 우째 그래 말을 잘 하노?"

"엄마 덕분에 말을 잘하는 겁니다."

"그게 무신 소리고?"

"엄마한테 주로 말 때문에 회초리를 많이 맞았기 때문입니다."

어머니가 대답했다.

"시끄럽다!"

그리고 어머니는 뜻밖의 말을 덧붙였다.

"부모는 자식의 혀끝과 붓끝으로 만든다!"

참으로 멋진 말이고 너무나 놀라운 말이다. 이 말은 초등학교 문앞에도 못 가본 사람의 입에서는 도저히 나올 수 없는 말이다. 그런데 이런 놀라운 말이 우리 어머니 입에서 나왔다. 물론 이 말도 내가 대학교에 다닐 무렵에 여러 번 들었던 말이다. 그때는 예사로 흘려들었는데 오늘따라 이 말이 아주 의미 있는 말로 다시 떠올랐다.

이 말은 부모는 자식 손에 달렸다는 말을 강조한 말이다. 부모가 아무리 대단해도 자식이 못나면 모두 헛일이란 의미도 담겨 있다. 그리고 더욱 중요한 것은 부모는 자식이 붓끝과 혀끝으로 그리는 수준에 따라서 달라질 수 있다는 말이다.

다시 말하면 자식이 실력이 좋아서 부모를 멋지게 그리면 멋진 부모가 되고 자식이 서툴러서 부모를 조악하게 그리면 조악한 부모가 될 수밖에 없다는 말이다.

나는 평범한 농부의 아들로 태어나서 시골에서 힘든 농사를 짓지 않고 상경하여 문인으로 등단을 하고, 여기저기 작품을 발표하고, 여기저기 강의도 다니고, 이따금 공영방송 간판 생방송 프로에 패널로 나와서 자기 생각을 조리 있고 재미있게 말을 할 정도가 되었다.

이런 아들을 보는 어머니의 마음이 얼마나 흐뭇했을까? 이런 생각을 하다 보니 내가 고등학교 때부터 걸핏하면 듣던 어머니의 말이 다시 떠오르는 것이다.

"부모는 자식의 혀끝과 붓끝으로 만든다!"

나는 전화를 끊으려고 하다가 용기를 내어서 말했다.

"엄마, 고마워요. 저를 이대독자 귀한 아들이라고 오냐오냐 키웠으면 아마 저는 개차반이 되었을 겁니다. 그런데 어머니가 저를 오냐오냐 키우지 않고 회초리를 들고 키웠기 때문에 제가 개차반이 되지 않았지 싶습니다. 어머니 고맙습니다!"

어머니가 말했다.

"니 말은 알겠다. 그런데 미안하다!"

내가 말했다.

"어머니가 제게 뭐가 미안합니까?"

어머니가 웃으면서 말했다.

"니를 회초리로 너무 많이 때린 것 같다. 미안하다!"

내가 말했다.

"아닙니다. 어머니의 회초리 때문에 제가 사람이 된 겁니다."

어머니가 말했다.

"지금 생각하니 회초리를 들지 않았어도 어쩌면 니는 올곧게 자랄 수 있었지 싶다!"

나는 갑자기 목이 메어 아무 말도 할 수가 없었다. 그러자 어머니가 말했다.

"와아, 아무 말도 안 하노? 전화 끊어졌나?"

그래도 나는 뭐라고 말을 할 수가 없었다. 울먹이는 목소리를 어머니에게 들려주고 싶지는 않았다. 그러자 다급한 목소리로 어머니가 말했다.

"야야, 와아 아무 대답이 없노? 내가 말을 잘못했나?"

할수 없이 내가 말했다.

"아닙니다. 엄마가 잘못한 것 아무 것도 없습니다."

그제야 안도하는 듯이 어머니가 말했다.

"사내놈이 그리 잘 훌쩍이면 어쩌노? 당장 꾹 그쳐라!"

나는 수화기를 막고 짐승처럼 엉엉 소리 내서 울고 말았다.

이 글을 정리하면서도 나는 신경이 바싹 곤두설 수밖에 없다. 사실 나는 그동안 70여 권의 책을 집필하였다. 그래서 수없이 많은 원고를 썼다. 그런데 분명한 것은 그동안 썼던 원고들은 내 생각이나 내 삶을 그린 것이 대부분이었다. 그래서 그런지 설렁설렁 쓴 원고도 많았고 대충대충 쓴 원고도 많았다. 한번 썼던 원고에 대해서는 뒤돌아보지 않는 성격 때문에 이미 쓴 원고를 다시 꼼꼼하게 보는 것은 체질에 맞지도 않았다.

그런데 이 책《나를 할머니라 부르지 말고 윤순이 할머니라 불러라》원고는 내가 그동안 썼던 원고와 아주 다른 자세로 대하지 않을 수가 없다.

'부모는 자식의 혀끝과 붓끝으로 만든다.'

이 말이 내게는 너무나 부담스럽다. 내 붓끝에 의해서 어머니의 올바른 모습이 그려질 수도 있고, 내 붓끝에 의해서 어머니의 모습이 왜곡될 수 있다는 생각을 하니, 한 줄 한 줄 읽어가면서도 엄청난 스트레스를 받지 않을 수가 없다.

"나는 손이 없나 발이 없나?"

명지초등학교에 다닐 때의 일이다. 방안에서 숙제를 하면서 목이 말라서 부엌에서 일하고 있는 어머니를 향해서 크게 말했다.

"엄마, 찬물 좀 떠주세요!"

어머니의 대답은 참으로 뜻밖이었다.

"야, 이자슥아! 니는 손이 없나, 발이 없나? 이 에미가 지금 뭐하고 있는지 니 눈에는 안 보이나?"

어머니는 저녁 준비를 하고 있었다. 가마솥 아궁이에 불을 때면서 한편으로는 시금치나물을 무치고, 다른 한편으로는 콩나물을 다듬고 있었다. 나는 너무나 뜻밖의 반응에 놀라서 밖으로 나와서 어머니에게 말했다.

"엄마, 잘못했습니다. 다시는 안 그럴게요!"

나는 우물가로 나가서 바가지로 찬물을 한 바가지 떠서 벌컥벌컥 마셨다. 부엌 쪽으로 보니 어머니는 바빠서 정신이 없었다.

내가 대학을 졸업하고 중학교 선생이 되었을 때의 일이다. 어느 날 어머니가 내게 말했다.

"선생 똥은 개도 안 먹는단다!"

혼잣말처럼 하는 말인데 깊은 뜻이 있어 보였다. 내가 물었다.

"엄마, 그게 무슨 소립니까?"

"몰라서 묻나?"

"예, 모르겠습니다!"

어머니가 말했다.

"선생은 하루 일과가 고될 뿐 아니라 정신적으로도 부담이 많아서 삶이 매우 고달프다는 말이지. 그라고 선생은 학교에서 퇴근을 해도 자유롭지 못하니까……."

그러고 보니 선생 똥은 개도 먹지 않는다는 말의 숨은 뜻을 대충 이해할 수 있었다. 그때 어머니는 또 뜻밖의 말을 한마디 더 했다.

"그런데 선생들이 제일 되먹지 못한 것이 바로 남에게 시키는 못된 버릇이다. 애들에게 시키는 것이 몸에 배서 집에 와서 마누라에게도 시키고 자식들에게도 시키고 한다!"

이 말은 마악 선생이 된 나에게 아주 큰 충격이었다. 그 말을 들고는 나는 한참 동안 생각했다. 그리고 이 말은 앞서 소개한 어머니가 한 말과 상당히 연관이 깊은 말이기도 하다.

"야, 이자슥아! 니는 손이 없나, 발이 없나? 이 에미가 지금 뭐하고 있는지 니 눈에는 안 보이나?"

나는 마음속으로 굳게굳게 다짐을 했다.

'나는 절대로 남에게 시키는 짓을 하지 않아야 한다. 그게 선생들의 가장 못된 버릇이라고 하니까 말이다. 그리고 내 손으로 할 것은 다 내 손으로 할 것이다.'

사실, 이 결심이 너무나 굳고 강했기 때문에 이날까지 나는 웬만한 일은 나 혼자서 다 했다.

심지어 결혼해서 애 둘을 낳고 16년을 살다가 이혼을 할 때도 그 효과(?)가 나타났다. 이혼을 할 때 마지막으로 자녀문제에 대해서 의논을 했다. 내가 애 엄마에게 말했다.

"두 애들을 위해서라면 애 둘은 애 엄마가 맡는 것이 나을 것입니다. 그런데 대단히 미안한 말이지만 어쩌면 애 둘을 내가 맡아서 키우는 것이 더 잘 키울 수 있을 것이라 생각합니다. 그러니 애 둘을 내가 맡아서 키우면 어떻겠습니까?"

이런 뜻밖의 제안에 애 엄마도 동의하였다. 그래서 작은애는 중학교 1학년 큰애는 중학교 3학년인데 둘 다 내가 키우기로 합의했다.

큰애가 딸인데 언젠가 나에게 울면서 이렇게 말했다.

"아버지, 아버지께서 이혼할 때 우리를 아버지가 맡아서 키워준 것에 대해서 감사드립니다. 이 말을 그동안 아버지께 꼭 해야지 해야지 하면서 못했습니다. 오늘 큰 용기를 내서 고백합니다. 아버지 정말 감사합니다! 아버지가 참 멋지고 자랑스럽습니다."

그때 딸애는 서른다섯쯤이지 싶다. 나는 아무 말도 않고 딸애의 손을 잡아주었다. 갑자기 목이 메고 눈에서 눈물이 주루루 흘러내렸다. 딸애도 하염없이 울기만 했다.

이제 인생의 황혼녘에서 생각해보면 그나마 우리 어머니의 교훈 덕분으로 나는 두 애들을 비교적 바르게 잘 키울 수 있었다고 생각한다.

"사람일, 알 수 없다. 그러니 너무 장담하지 마라."

내가 대학교를 졸업하고 부산에서 중학교 국어 선생을 할 때 일이다. 어느 날 술에 대한 이야기 끝에 나는 어머니에게 말했다.

"어머니, 저는 앞으로 절대로 술을 마시지 않을 것입니다!"

내 딴에는 평소의 내 결의를 어머니에게 당당하고 자신 있게 밝힌 것이다. 아버지의 술주정에 질려버린 어머니를 조금이라도 위안하고 안심시키고 싶어서 한 말이었다. 그래서 내 딴에는 "그래 제발 그라면 좋겠다."라는 대답 정도는 들을 것이라 기대하였다.

그런데 어머니의 반응은 전혀 뜻밖이었다. 천천히 고개를 가로 저으면서 말했다.

"사람 일, 알 수 없다. 그러니 너무 장담하지 마라! 니 아버지도 니 나이 때는 동네 모범청년이었다. 온 동네 사람, 심지어 이웃 동네까지 소문이 날

정도로 모범청년이었다. 그때는 술을 입에도 대지 않았다!"

우리 아버지는 거의 매일 대선소주를 한 되씩 마셨다. 그러니 나는 어릴 때 아버지가 술에 취하지 않은 것을 본 적이 그리 많지가 않았다. 저녁에 잠자리에 누워서 아버지를 기다렸다.

그런데 아버지가 지금쯤 어디를 오고 있는지 동네 개가 짖는 것으로 짐작할 수 있었다. 왜냐하면 우리 동네 어느 집에 개가 있는지를 다 알기 때문이었다. 우리 아버지가 술에 취해서 비틀거리면서 걸어오면 개가 짖곤 했다. 그러면 아버지는 걸음을 멈추고 개에게 시비를 걸곤 했다.

그러면 개는 더 큰 소리로 짖었다. 그래서 잠자리에 누워서 아버지가 지금 누구 집 앞을 지나는 중인지를 거의 정확하게 짐작할 수 있었다.

맨 마지막에는 우리집 골목 초입에 있는 암용이네 독구가 짖을 차례이다. 암용이네 독구가 짖기 시작하면 아버지는 우리집 초입 골목 입구에 들어섰다는 의미이다.

온 동네 개를 다 짖기고 집에 온 아버지는 이번에는 온 집안 식구들을 다 깨운다. 어머니는 저녁상을 아버지 앞에 차려 나온다. 그러면 아버지는 이미 술이 잔뜩 취한 상태라서 식사를 할 형편이 아닌데도 이것저것 트집을 잡는다. 국이 식었다는 둥 반찬이 짜다는 둥 별별 사소한 것을 다 트집 잡기 시작한다. 어머니도 아버지가 술이 취해서 식사를 할 수 없다는 것을 잘 안다. 사실은 그럴 바에는 저녁 식사를 차릴 필요가 없는 것이다. 그런데 절대로 그럴 수가 없었다.

아버지의 별별 트집을 다 참고 있던 어머니는 참다참다 너무 심하다 싶어서 혼잣말처럼 한마디를 한다. 그러면 그 순간 죄목이 바뀌고 만다.

그 전에는 반찬 트집이었지만 이번에는 불경죄가 된다. 아버지에게 말대꾸한 것이 죄가 된다. 어디서 배운 것이 남편에게 말대꾸를 하는가? 이것이 죄목이다.

그러면 아버지는 욕을 하고 심지어 어떤 때는 밥상을 발로 밀어 엎거나 발로 차 버린다. 그러면 밥그릇은 방구석에 떨어지고 작은 간장 종지는 마루로 떨어지고 어떤 것은 마당으로 떨어지는 것도 있다.

어릴 때부터 이런 광경을 수없이 보고 자란 나는 술이라면 몸서리를 치지 않을 수가 없었다. 그래서 내 딴에도 작심을 하고 말을 한 것이다.

"어머니, 저는 절대로 술을 마시지 않을 것입니다!"

그런데 참으로 뜻밖의 반응이 나타났다. 어머니가 대답했다.

"사람 일, 알 수 없다. 그러니 너무 장담하지 마라! 니 아버지도 니 나이 때는 동네 모범청년이었다. 온 동네 사람, 심지어 이웃 동네까지 소문이 날

정도로 모범청년이었다. 그때는 술을 입에도 대지 않았다!"

나는 어머니에게 도저히 대꾸를 할 수가 없었다. 아무 말도 못하고 입을 다물 수밖에 없었다. 그러나 나는 속으로 이런 말을 하고 싶었다.

"그래도 어머니, 저는 절대로 술을 마시지 않을 것입니다!"

그러나 이 말을 도저히 입 밖으로 꺼낼 수가 없었다. 그래서 그 뒤로는 다시는 어머니에게 절대로 술을 마시지 않겠다는 말을 한 적이 없다. 그래도 나는 이날까지 술을 마시지 않으려고 노력을 해 왔고, 천만 다행으로 마시지 않는 삶을 살아 왔다.

모임이나 여럿이 모였을 때 한 모금이라도 입에 대는 척은 해야 할 경우가 있었다. 그럴 경우라면 할 수 없이 술을 한 모금 내지는 한두 잔 정도 마신 적은 있다. 그러나 근원적으로 술에 대한 나쁜 기억 때문에 자진해서 술을 마시지는 않았다.

노자 시대에 중국에서 있었던 일이다. 노자는 이 이야기를 매우 사랑했다. 여러 세대에 걸쳐서 노자의 추종자들은 이 이야기를 반복해오고 있고, 항상 그 속에서 더 많은 의미를 발견해오고 있다. 이 이야기는 성장했고 살아있는 이야기가 되었다.

마을에 한 노인이 있었다. 그는 매우 가난했지만 아름다운 백마를 갖고 있었기 때문에 왕들도 그를 부러워했다. 왕들은 믿을 수 없을 만큼 거금을 제시하며 그 말을 팔라고 했지만 노인은 이렇게 말하곤 했다.

"이 말은 나에게는 말이 아니라 사람입니다. 어떻게 사람을 팔 수 있겠습니까? 이 말은 내 친구입니다. 소유물이 아닙니다. 어떻게 친구를 팔 수 있겠습니까? 안 됩니다. 그것은 불가능합니다."

그 노인은 가난했고 많은 유혹이 있었지만, 그는 결코 말을 팔지 않았다.

어느 날 아침 그는 말이 마구간에 없는 것을 발견했다. 마을 사람들이 모여서 말했다.

"어리석은 늙은이! 우린 전부터 언젠가 그 말을 도둑맞을 거라는 걸 알고 있었지. 당신이 그렇게 가난한데, 어떻게 그렇게 값진 말을 지킬 수 있겠어? 차라리 그것을 팔았더라면 좋았을 걸. 당신이 부르는 값으로 받을 수 있었는데…… 아주 환상적인 가격도 가능했었소. 이제 말은 없어져버렸으니 이건 저주이고, 불행이오."

그 노인은 말했다.

"너무 앞서가지 말게. 단지 말이 마구간에 없다고만 말하게. 이것은 사실이고 다른 모든 것은 판단이네. 그것이 불행인지 아닌지 그대들이 어찌 아는가? 그대들이 어찌 판단하는가?"

사람들이 말했다.

"우리를 갖고 놀지 마시오. 우리는 위대한 철학자는 아닐지 몰라도, 철학은 필요 없소. 보물이 없어졌다는 것은 단순한 사실이고,

그건 불행이요."

노인이 말했다.

"나는 마구간은 비었고 말은 가버렸다는 사실만을 알고있네. 나는 그밖에 것은 모르겠네. 그것이 불행인지 축복인지. 왜냐하면 이것은 단지 부분이기 때문이지. 그것에 무엇이 따라올지 누가 알겠는가?"

사람들은 웃었다. 그들은 항상 노인이 약간 미쳤다고 생각했다. 그렇지 않다면 노인은 그 말을 팔고 부자로 살았을 것이다.

그러나 노인은 나무꾼처럼 살았다. 그는 아주 늙었지만 여전히 숲에서 나무를 베어다 팔았다. 노인은 그날 벌어 그날 먹고 사는, 비참하고 가난한 하루살이 생활을 하고 있었다.

보름 후 어느 날 밤 갑자기 그 말이 돌아왔다. 그 말은 도둑맞은 것이 아니었다. 그 말은 광막한 벌판으로 도망간 것이다. 그리고 돌아왔을 뿐 아니라, 열두 마리의 야생마를 이끌고 돌아왔다. 다시 마을 사람들이 모여들어서 말했다.

"노인장, 당신이 옳았고 우리가 틀렸소. 그것은 불행이 아니라 축복이었소. 우리가 알지도 못하고 우겨서 미안하오."

노인이 말했다.

"당신들은 또 너무 앞서가고 있네. 단지 말이 돌아왔고, 열두 마리의 말이 그 말과 함께 왔다고만 말하게. 판단하지 말게. 그것이 축복인지 불행인지 누가 알겠는가? 그것은 단지 부분일세. 당신들이 전체를 모른다면 어떻게 판단할 수 있겠는가? 당신들은 이제 책의 한 페이지만 읽었는데 어떻게 책 전체를 판단할 수 있겠는가? 나를 성가시게 하지 말게."

이번에 사람들은 많은 말을 할 수 없었다. 어쩌면 노인이 또 옳을 수도 있었다. 그래서 그들은 침묵을 지켰다.

그러나 마음속으로는 노인이 틀렸다는 것을 잘 알고 있었다. 열두 마리의 말들이 노인의 말과 함께 왔다. 조금만 훈련시키면 말을 내다 팔 수 있고, 그러면 많은 돈을 벌어들일 것이다.

노인에게는 젊은 외아들이 있었다. 그 아들은 그 야생마들을 훈련시키기 시작했다. 그러나 일주일 뒤 그는 말에서 떨어져 다리가 부러졌다. 사람들은 다시 모여들었다. 사람들은 어디에서나 사람들이다. 누구나 다 똑같다. 그들은 또다시 판단했다. 판단은 너무도 빠르다! 그들이 말했다.

"당신이 옳소. 당신이 옳다는 것이 또 증명되었군. 그것은 축복이 아니고 또다시 불행이었소. 당신 외아들은 다리를 잃어버렸소. 늙은 나이에 그가 당신의 유일한 의지였는데 이제 당신은 그 어느 때보다도 더 불쌍하게 되었소."

노인이 말했다.

"당신들은 판단에 사로잡혀 있네. 그렇게 멀리까지 앞서가지 말게. 내 아들이 다리를 부러뜨렸다고만 말하게. 이것이 불행인지 축복인지 누가 알겠는가? 아무도 모르네. 단지 한 부분일 뿐이지, 그 이상은 주어지지도 않았어. 삶은 조각조각으로 오며, 판단은 전체에 관한 것이네."

몇 주 후에 그 나라는 이웃나라와 전쟁을 하게 되어 그 마을의 모든 젊은이들이 군대에 강제로 끌려갔다. 오직 노인의 아들만이 불구인 관계로 끌려가지 않았다. 마을 사람들은 모여들어 울부짖었다. 모든 집의 젊은이들이 강제로 끌려갔기 때문이다. 마을 사람들은 노인에게 와서 이렇게 말했다.

"당신이 옳았소, 노인장! 당신이 옳다는 것은 신이 알고 있소. 이것은 축복으로 판명되었소. 당신의 아들은 불구가 되었어도 당신과 함께 있소. 우리 아들들은 영원히 떠나갔소. 적어도 당신의 아들은 당신과 함께 살아 있소. 그리고 점차 그는 걷기 시작할 것이오. 어쩌면 조금 절겠지만 그래도 그는 괜찮을 것이오."

노인이 다시 말했다.

"계속해서 끊임없이 판단하는 당신들과 이야기하는 것은 불가능하네. 아무도 모른다네! 단지 이렇게만 말하게. 당신들의 아들들은 억지로 군대에 끌려갔고, 내 아들은 징집 당하지 않았네. 그러나 그것이 불행인지 축복인지는 아무도 모르네. 아무도 그것을 알 수 없을 것이네. 오직 신만이 아실뿐이지."

위의 노자 이야기에 나오는 노인의 생각과 우리 어머니의 생각은 일치하고 있다. 이날까지 살아오면서 나는 어떤 일에 장담을 할 때가 많았다. 그럴 때마다 어머니가 했던 말이 떠올라서 결정을 한 발 늦추려고 주춤할 때가 많았다.

"사람 일, 알 수 없다. 그러니 너무 장담하지 마라!"

"세상 사람이 다 화투를 쳐도 니는 안된다!"

내가 부산 명지초등학교에 다닐 때, 추석이나 설이 되면 친척들이 우리집이나 외할머니 집에 다 모였다. 하루나 이틀 정도 외할머니 댁에 머물기도 하고 하루 정도는 우리집에 머물기도 했다.

친척이라야 그리 많지가 않았다. 부산에 사는 둘째 이모네 가족, 용원에 사는 막내 이모네 가족, 그리고 같은 동네에 사는 외할머니네 가족들이 주로 한데 모였다. 곶감도 먹고, 떡도 먹고, 과일도 먹고, 단술도 먹고, 동치미도 먹고, 호박전도 부쳐 먹고, 막걸리도 한 잔 하고, 다들 기분이 좋아서 들뜨곤 했다.

그러면 마당에서는 윷놀이를 하는 사람도 있고, 방안에서는 여자들이 모여서 화투를 치곤했다. 그때는 민화투나 고스톱을 치지 않고 육백이란 방법의 화투를 주로 쳤다. 얼마씩 내기를 하고 치는 것이어서 단순한 놀이보다는 약간의 긴장감이 더 있기 마련이었다. 그러니 판이 이어짐에 따라서 참가한 사람들의 태도가 점점 진지해지곤 했다.

그럴 때 아이들은 울 너머로 어른들이 화투치는 것을 구경하는 것이 아주 재미있었다. 한 점을 따고 좋아하는 부산 이모의 탄성도 재미있었고, 한 점을 잃고 낙심하는 용원 이모의 기죽는 모습도 재미있기만 했다.

그리고 가장 재미있는 것은 화투판이 끝나면 그 판에서 딴 돈을 딴 사람이 가지는 것이 아니라 한데 모아 그 돈으로 동네 가게에 가서 사이다나 부채 과자나 진해콩 혹은 십리 과자나 단팥빵 등을 사먹는 것이었다. 이것이 나는 너무너무 재미있고 즐거웠다.

그런데 우리 어머니는 내게는 참 가혹했다. 아이들이 어른들 틈새에 끼어서 화투판을 구경하고 있을 때, 부엌을 왔다 갔다 하는 어머니 눈에 내가 보이면 여지없이 뒤통수를 한 대 치면서 나를 화투판에서 끌어내었다. 그리고는 이렇게 말했다.

"니는 안 된다! 이 세상 사람들이 다 화투를 쳐도 니는 안 된다! 니는 화투판에 대가리 쳐박고 있지 말고 저 방에 가서 공부해라! 이 한심한 늠아!"

어른들이 재미있게 치는 화투판 구경은 쏠쏠한 재미가 있어서 아이들도 구경하는 것을 좋아했다. 우리 큰누나도 좋아했고, 작은누나도 좋아했고, 내 여동생도 좋아했다.

그런데 나만 안 된다고 했다. 어머니는 큰누나를 끌어낸 적이 없고, 작은 누나도 끌어낸 적이 없다. 물론 내 여동생을 끌어낸 적도 없다. 그런데 나만은 예외가 없었다. 반드시 내 뒤통수부터 치고는 나를 끌어냈다.

우리 동네는 쌀농사도 아니고 보리농사도 아니고 오직 파농사가 주업이었다. 쌀이나 보리는 아무리 잘해봐야 파농사에 비해서 소득이 적었다. 그때 우리 동네에서 재배하는 파는 얼추 사람 키만큼 클 정도로 대단했다. 키가 작은 사람이 파밭의 이랑에서 북을 치면 거의 사람의 모가지가 보일락 말락 하였다. 그만큼 파가 잘 자랐다.

이 잘 키운 파는 거의 전량 일본에 수출하였다. 대단한 고소득 농작물이었다. 그래서 우리 동네는 전국에서 거의 최상위권에 속하는 고소득 작물을 재배하는 부농이었다. 겨울이 오면 서울에서 파 장수들이 우리 동네에 몰려 왔다. 파를 밭떼기로 샀다. 일 년 동안 땀 흘려 지은 파농사의 결실을 맺는 것이다.

대부분 우리 마을 사람들은 파 장수들에게 밭떼기로 흥정을 해서 팔곤 했다. 그런데 우리 아버지는 우리 동네서 최고 인텔리였기 때문에 이것저것 아는 것이 많았다.

그래서 우리 아버지는 파 장수들에게 팔지 않고, 당신이 손수 파를 기차나 트럭에 싣고 서울역 뒤 청과시장에 가서 직접 팔곤 했다.

언젠가 겨울이었다. 아버지가 늘 하던 대로 파를 기차에 싣고,

서울로 팔러 갔다. 다른 때 같으면 넉넉잡아 가고 오고 다 합쳐서 사나흘이면 되는데 서울로 간지 일주일이 되어도 소식이 없었다. 온 집안에서 난리가 났다. 어머니는 북쪽 하늘만 쳐다보고 매일 한숨만 쉬었다. 할머니는 아예 동구 밖에 나가서 신작로 쪽으로 쳐다보고 돌부처처럼 온 종일 서 있었다.

할아버지도 방안에서 꼼짝 않고 담뱃대만 뻑뻑 빨고 있었다. 집안 분위기가 완전 초상집 분위기였다. 할머니가 이따금 혼잣말처럼 말했다.

"파판 돈을 전대로 차고 오다가 혹시 강도를 만나면 안 되는데……"

옆에 있던 어머니도 맞장구를 쳤다.

"어머니 말씀이 맞십니더. 절대 그런 일이 있으면 안 됩니더."

드디어 일주일 만에 아버지가 돌아왔다. 우선 아버지 꼴이 거의 거지꼴이었다. 이런 아버지를 보고 할머니가 말했다.

"애비야, 안 죽고 살았네. 무신 일로 이 꼬라지를 하고 이제 왔노?"

아버지는 아무 대답을 하지 않았다. 어머니도 아무 말도 하지 않았다. 더 이상 누구 하나 아버지에게 말을 거는 사람이 없었다. 나중에 안 일인데, 아버지는 서울 청과시장에서 파를 아주 잘 팔았다고 했다. 기분이 좋아서 청과시장 사람들에게 소주를 한잔 샀다고 했다. 그 바람에 술기운이 올라서 기분이 더 좋아서 화투를 한 판 쳤다고 했다. 그것이 첫 단추를 잘못 끼운 꼴이 되었다.

그날 밤 늦게까지 엎치락뒤치락 하다가 아버지는 파판 돈을 전대로 차고 있었는데 모조리 다 잃었다고 했다. 돌아올 차비도 없이 거지가 되어 돌아왔다.

그일 이후로 어머니는 나에게 더 냉혹해졌다. 내가 화투판에 앉아서 구경하는 것도 허용하지 않았다. 그러니 화투를 손에 댄다는 것은 상상도 할 수 없는 일이다. 만약 내가 화투장에 손대는 것을 어머니가 보았다면 아마 내 손목을 자르려고 했을 것이다.

그래서 나는 어릴 때도 화투판에 가지 않았고, 화투장을 손에 대지도 않았다. 단순한 오락으로라도 화투장을 손에 대지 않았다. 그 바람에 이날까지 육십여 년을 단 한 번도 화투판에 끼어본 적이 없이 살아올 수 있었다. 그뿐 아니라 복권 한 장 사본 적도 없고, 오락실에 한번 가본 적도 없고, 게임장을 가본 적도 없다. 물론 경마장도 가본 적이 없다. 오락으로 하는 화투판에도 한번 참가한 적도 없이 살았다.

그런데 참 신기한 일은 언젠가 수필가 이호광 선생이 내 연구실로 왔다. 그가 작은 선물 꾸러미를 내려놓으면서 말했다.

"송현 선생님, 어려운 부탁이 있습니다!"

"뭡니까? 선생님!"

"제가 이번에 고스톱 백과사전을 탈고했습니다. 그 책의 앞에 추천사를 하나 써주십시오!"

내가 말했다.

"이 선생님, 제가 아직 남의 책 앞에 추천사를 쓸 군번도 되지 않을 뿐 아니라 고스톱은 칠 줄도 모릅니다."

그가 말했다.

"정말로 고스톱을 칠 줄 모릅니까?"

"예!"

그가 말했다.

"아예 칠 줄을 모른다는 것입니까? 아니면 고스톱을 칠 줄은 아는데 잘 치지 못한다는 것입니까?"

내가 말했다.

"아예 칠 줄을 모릅니다."

그가 침을 꿀꺽 삼키는듯하더니 단호하게 말했다.

"그래도 써주십시오!"

내가 말했다.

"아니, 고스톱 백과사전의 추천사를 고스톱에 대해서 아무 것도 모르는 사람이 쓰면 어쩝니까? 그게 말이 되는 소립니까?"

그가 말했다.

"송현 선생님! 그래도 상관없습니다. 선생님이 추천사를 써주면 이 책이 더 잘 팔릴 것 같습니다! 요즘 선생님이 잘 나가고 있지 않습니까?"

나는 어이가 없었다. 고개를 가로 저었다. 그러나 그의 부탁은 집요했다. 도저히 거절할 수 없이 집요하게 부탁을 하는 바람에 고스톱 백과사전의 추천사를 써주었다. 그 뒤 고스톱 백과사전이 나온 뒤에 그 책머리에 내가 쓴 추천사를 본 사람이 더러 나에게 물었다.

"송현 선생님이 고스톱 잘 치시지요?"

내가 말했다.

"아니요. 못 칩니다!"

그래도 내 말을 곧이듣지 않는다. 고스톱 백과사전의 추천사를 쓴 사람이라고, 내가 고스톱을 아주 잘 치는 줄 아는 것이다.

"손님 열 명이 오면 라면 몇 개를 끓이면 좋겠노?"

내가 고등학교에 다닐 때일 것이다. 어느 날, 무슨 말 끝에 어머니가 불쑥 말했다.

"손님 열 명이 오면 라면 몇 개를 끓이면 좋겠노?"

나는 별 다른 생각을 하지 않고 선뜻 대답했다.

"열 개요!"

어머니는 고개를 설레설레 저었다. 나는 어머니가 왜 고개를 설레설레 젓는지 그 이유를 알 수가 없었다. 어머니의 표정은 내가 열 개라고 대답할 것을 이미 알고 있었다는 듯했다. 그래서 나는 기분이 묘했다. 아무리 생각해도 어머니가 한 질문 속에 어떤 답이 숨어 있는지를 짐작할 수가 없었다.

어머니가 입을 열었다.

"다시 한 번 묻겠다. 집에 손님이 열 명 오면 라면을 몇 개 끓이면 좋겠노?"

나는 뭐라고 대답할 수가 없었다. 아까 한 10이란 대답은 이미 틀린 것이 확실해진 마당에 다른 대답을 생각할 수가 없었기 때문이다. 그런데 어머니는 분명히 다른 대답을 원하고 있는 것이다.

나는 아무리 생각을 해도 정답을 알 수가 없었다. 그리고 어머니가 원하는 대답도 알 수가 없었다. 정답과 어머니가 원하는 대답이 같은지도 모르겠고, 다른지도 알 수가 없었다. 한참 동안 나를 찬찬히 쳐다보더니 어머니가 말했다.

"나는 니가 열 개라고 대답할 것이라 생각했다. 왜냐면 니는 참 고지식하기 때문이다. 내가 원하는 대답은 아홉 개였다. 이것이 정답이라고 할 수는 없지만 내가 원하는 대답이고, 니한테 꼭 필요한 정답이라고 생각한다."

아아! 나는 잠시 비명을 질렀다. 그제야 나는 어머니가 무엇을 내게 말하고 싶었는지를 알 수가 있었다. 아홉 개란 정답을 말하기 전에 이미 "너는 참 고지식하기 때문이다"라는 말 속에 어머니가 원하는 정답이 들어 있었다는 것을 늦게 알 수 있었다.

나는 어머니 앞에 발가벗고 서 있는 기분이 들었다. 초등학교 문 앞에도 못 가본 어머니가 이런 질문을 나에게 한다는 것이 나는 믿어지지 않았다. 그때 어머니가 내 긴장을 풀어주려는 것처럼 말했다.

"아홉 개를 넣고 물을 조금만 더 부으면 열 개를 넣고 끓인 것과 차이를 아무도 느끼지 못할 것이다. 어쩌면 여덟 개를 넣고 물을 조금만 더 부으면 결과는 같을 것이다."

나는 빙그레 웃었다. 그리고 어머니의 의견에 전적으로 공감한다는 의미로 고개를 크게 끄덕였다. 어머니가 참으로 뜻밖의 말을 했다.

"너는 참 고지식하다. 초등학교에 다닐 때도 너는 아주 고지식하였다. 그래서 나는 늘 염려하였다. 그때는 이런 이야기를 해줄 수가 없었다. 이제 너는 어린애가 아니기 때문에 이 말의 뜻을 이해하리라 믿는다. 이 에미가 무슨 말을 하려고 이 말을 하는지 알겠는가?"

내가 자세를 고쳐 앉으면서 말했다.

"예, 어머니, 어머니의 의도를 잘 이해하겠습니다. 어머니가 제게 무엇을 기대하는지 알겠습니다. 앞으로는 매사에 좀 더 여유를 갖도록 항상 노력을 하겠습니다. 앞으로 열 개를 끓이지 않고 아홉 개나 여덟 개를 넣고 끓이는 연습을 차근차근 하겠습니다."

어머니는 만족한 듯이 빙그레 웃었다. 나도 따라서 빙그레 웃었다.

어머니는 나에게 융통성을 가르쳐 준 것이다. 나는 돼지띠이다. 그래 그런지 나는 완벽주의 성향이 아주 강하다. 뭘 해도 아주 꼼꼼히 해야 하고 말을 해도 시시콜콜 하고 글을 써도 시시콜콜 쓴다.

언젠가 《소설 토정비결》을 쓴 유명작가 이재운 선생을 처음 만났을 때이다. 이재운 선생은 내 글을 겨우 몇 줄 읽고는 이렇게 말했다.

"송현 선생님은 돼지띠군요!"

나를 처음 보는 이재운 선생이 한 첫 마디였다. 나는 너무나 기가 막혔다. 그럴 수밖에 없었던 것도 그분이 나의 이력서나 사주 따위를 보고 말한 것이 아니라 내가 쓴 문장 너덧 줄을 보고 한 말이기 때문이다. 깜짝 놀라서 내가 물었다.

"제가 돼지띠입니다. 그런데 이재운 선생님께서는 어찌 그것을 압니까?"

이재운 선생은 참으로 뜻밖의 말을 했다.

"송현 선생님의 문장을 보고 알았습니다."

내가 말했다.

"아니, 이재운 선생님께서 제 문장을 여러 페이지 읽은 것도 아니고 겨우 너덧 줄 밖에 읽지 않았는데 어찌 돼지띠인 줄 아셨는지요? 혹시 제 문장에서 족발 냄새라도 났습니까?"

그가 말했다.

"돼지띠는 완벽주의자입니다. 그래서 시시콜콜합니다. 혹시 상대가 잘 이해하지 못할까 염려를 하고 아주 시시콜콜하게 말을 하고 아주 시시콜콜하게 문장을 씁니다. 그래서 선생님 글 너덧 줄만 읽어도 금세 돼지띠인 줄 알 수 있었습니다!"

어머니는 내가 돼지띠라서 그런 줄이야 몰랐겠지만 내 성격이

지나치게 꼼꼼하고 예민한 것을 알았던 것이다. 이런 나의 성격 때문에 나는 융통성이 아주 부족하였다. 뭐든 곧이곧대로 하려고 하는 너무나 고지식한 성격이기 때문이다. 이런 나에게 어머니는 융통성을 가르쳐 주려고 짬짬이 애를 쓴 것이다.

'손님 열 명이 오면 라면 몇 개를 끓이면 좋겠노?'

이것은 어머니가 내게 던졌던 화두였다. 나는 이 화두를 항상 머릿속에 지니고 살았다. 어떤 경우에는 나도 내 자신의 고지식함에 고개를 절레절레 흔들곤 할 때가 많았다. 어떤 일을 결정하고 나의 고지식함 때문에 후회한 적이 한두 번이 아니었다. 그럴 때마다 나는 어머니가 했던 말을 떠올리며 후회를 했다.

"손님 열 명이 오면 라면 몇 개를 끓이면 좋겠노?"

어릴 때는 손님 열 명이 오면 라면을 반드시 열 개를 끓여야 하는 것으로 알았던 고지식한 아이가 어머니에게 융통성을 배운 덕분에 이제는 라면을 아홉 개가 아니라 여덟 개도 끓이고 일곱 개를 끓일 수 있을 정도로 융통성이 생겼다.

융통성이란 참 멋진 표현이다. 어쩌면 융통이 아니라 그만큼 세파에 시달려서 능구렁이가 되었다고 하는 것이 더 정확한 표현이 아닐는지 모르겠다. 그래도 나는 융통성이라고 표현하고 싶다.

"니캉 내캉 같이 죽자, 농약 어딨노?"

나는 어릴 때 우리 어머니에게 회초리나 부지깽이로 많이 맞고 자랐다. 그때의 맞은 기억들이 아직도 오롯이 남아있다. 그래서 그런지 어른이 되어 〈회초리〉란 제목으로 동시를 쓰기도 하였다.

〈회초리〉

내 어릴 때
우리 엄마 회초리가 아니었다면
나는 아마
사람 안 되었을지 모른다.

내 어릴 때

우리 엄마 회초리에 사랑이 묻어있지 않았다면
나는 아마
사람 안 되었을지 모른다.

우리 엄마 회초리. 2001년 발행. 명상출판사

내가 초등학교 2학년 땐지 3학년 땐지 기억이 아름아름하다. 통지표를 받는 날이었다. '수'가 몇 개 없어 걱정이 태산이었다. 집에 오니, 어른들은 다 밭에 일 나가고 아무도 없었다.

저녁이 되면 아버지와 어머니가 밭에서 돌아올 것이다. 아마 오자마자 통지표를 보자고 할 것이다. 그러면 어쩌나 하는 걱정 때문에 배고픈 줄도 몰랐다. 마루 한 귀퉁이에 쪼그리고 앉아 이 궁리, 저 궁리 하던 끝에 드디어 나는 통지표를 고치기로 작정을 하였다. 통지표를 고쳐야겠다고 마음먹는 순간부터 가슴이 콩콩 뛰었다.

나는 살금살금 아버지 책상으로 갔다. 아버지 책상은 여닫이 식이었는데, 조심스레 책상을 여니, 잉크와 팬이 있었다. 잉크병 뚜껑을 열었다. 펜에다 잉크를 찍었고 통지표의 수 칸에 동그라미를 그리기 시작했다. 몇 갠지 세지도 않고, 계속 그리다가 혹시 너무 많이 그린 게 아닌가 싶어서, 동그라미 그리기를 멈추었다. 내 통지표에 갑자기 수가 많아지자 성적이 훨씬 좋아졌다.

나는 잉크병을 닫고, 펜을 붓통에 꽂고, 책상을 닫았다. 이 대목에서 한 가지 덧붙일 것은 선생님은 붓뚜껑으로 수 우 미 양 가를 찍었는데, 나는 펜에다 잉크를 찍어서 동그라미를 그렸다는 점이다.

이 얼마나 멍청한 짓인가! 거기다가 더 바보스러운 것은, 선생님이 붓뚜껑으로 찍은 것을 일단 지운 뒤에, 동그라미를 쳐도 쳐야 할 것인데, 붓뚜껑으로 찍은 것을 지우지도 않고, 수 칸에다 동그라미를 내 마음대로 쳐버렸다는 점이다.

저녁 때, 어머니가 돌아오셨다. 통지표를 받아왔느냐고 물었다. 나는 시침을 뚝 떼고, 통지표를 내밀었다. 어머니는 통지표를 받아서 찬찬히 들여다보다 말고, 헛간 쪽으로 가는 게 아닌가! 나는 영문을 몰랐다. 잠시 뒤에 헛간에서 나오는 어머니의 손에는 회초리가 여러 개 들려있었다. 나는 앞이 캄캄했다. 다짜고짜로 내 팔을 낚아채고는 회초리로 사정없이 내 종아리를 때렸다.

"이놈의 손아! 대가리 소똥도 안 벗겨진 놈이 에미를 속여? 글 배워서 훌륭한 사람 되라고 학교에 보냈더니, 하라는 공부는 안하고 에미를 속여?"

나는 어머니의 목소리가 그렇게 큰 줄 처음 알았고, 그렇게 무서운 어머니의 표정을 처음 보았다. 종아리에 피가 났다. 그래도 어머니는 계속 회초리를 놓지 않았다. 나는 두 손을 싹싹 비비며 다시는 안 그러겠다고 용서를 빌었지만 어머니는 막무가내였다.

"이놈의 손아, 벌써 부터 에밀 속이려 드는데, 니 같은 놈을 키우면 뭐하겠노, 농약 어딨노? 니캉 내캉 같이 죽자!"

옆에서 발을 동동 구르며 지켜보고 있던 할머니가 치마폭으로 나를 감싸며 말했다.

"어멈아, 대강해라! 귀한 손잔데, 아예 잡을 참가!"

어머니는 나를 개 끌듯이 질질 끌고, 삽작(대문) 밖으로 쫒아내고, 삽작문을 걸었다. 할머니는 어머니께 몇 번이나 봉변을 당하면서도 삽작문을 열었지만, 어머니의 노여움이 풀리지 않아, 나를 구출하지 못했다. 나는 그날 저녁을 쫄쫄 굶고, 울타리 밑에 쪼그리고 앉아 모기에 뜯기면서 울다 잠이 들었다.

마르틴 루터는 교육에 대해서 다음과 같이 말한 적이 있다.

'한 손엔 사과, 한 손엔 회초리!'

이 말은 교육의 본질에 대해서 아주 적절하게 지적한 것이다. 교육을 제대로 하려면 칭찬과 훈육이 다 필요하다는 것을 극명하게 보여준다. 그런데 이 땅에는 이를 제대로 이해하는 교육자는 많지 않은 듯하다. 기껏 이책 저책에 있는 죽은 지식들을 달달 외우고, 짜깁기한 논문으로 박사 학위 받아 교수가 되는 게 다반사이다. 이런 자들이 교육의 본질에 대해서 잘못 이해한 나머지 교육 정책까지 오도한다. 그 바람에 교육을 근본에서 그르치고 있다고 해도 과언이 아닐 것이다.

이런 의미에서 이들이야 말로 우리 교육을 근본에서 망치는 주범이라고 해도 별 무리가 없지 싶다. 죽은 지식 외우기 전문가 내지는 죽은 지식 짜깁기 전문가들은 말이 교육 전문가이지 실상은 교육의 본질은 제대로 이해지 못하고 있다.

이런 교육자들은 회초리의 교육적 수단에 대해서는 잘 모르거나 과소평가를 한다. 다시 말하면 이들은 사과만 알지 회초리는 모르는 편협한 사고와 편파적인 가치관에 사로잡혀 있는 사람들이다.

사실 학생을 제대로 가르치자면 반드시 사과와 회초리 둘 다 필요한 법이다. 어린 학생들은 여러 가지가 미완이고 여러 가지가 부족하다. 그래서 수많은 실수를 할 수 있고 수많은 잘못을 저지를 수 있다. 그래서 교사는 반드시 당근과 채찍을 다 가지고 적재적소에 잘 활용하여 학습효과를 극대화해야 한다. 그래야만이 살아있는 올바른 교육을 제대로 할 수 있다.

그런데 회초리를 말할 때 반드시 덧붙여야 할 중요한 것이 하나 있다. 그것은 회초리에 사랑이 묻어있어야 한다는 점이다. 만약 회초리에 사랑이 묻어있지 않으면 회초리가 몽둥이로 변할 수 있다. 그때는 교육의 도구인 회초리가 폭력의 도구로 전락하고 만다는 사실을 간과해서는 안 된다. 그래서 학습 도구인 회초리에는 반드시 사랑이 뒷받침 되어야 한다는 사실을 강조하지 않을 수 없다.

만약 계모가 나를 회초리로 자주 때렸다면 아마 나는 진작 가출하고 말았을 것이다. 그런데 내가 종아리가 터지게 회초리를 맞으면서도 가출을 하지 않은 것은 그 회초리가 폭력의 도구가 아닌 어머니의 뜨거운 사랑의 매라는 것을 알았기 때문이다. 이런 의미에서 우리 어머니가 들었던 사랑의 회초리는 훌륭한 학습 도구 역할을 한 것이다. 그때 어머니는 우리 다섯 형제를 키울 때 회초리를 아끼지 않았다.

내가 대학교를 졸업할 때까지 수없이 많은 선생들을 만났지만, 어머니처럼 무서운 회초리를 드는 선생을 보지 못했고, 어머니처럼 위대한 스승도 보지 못했다.

"이놈의 손아, 벌써 부터 에밀 속이려 드는데, 니 같은 놈을 키우면 뭐 하겠노, 농약 어딨노? 니캉 내캉 같이 죽자!"

지금도 그때 불같이 화를 내면서 거칠게 부르짖던 어머니의 회초리를 들었던 모습이 눈에 선하다. 그래서 지금도 나는 그 회초리가 그리울 때가 있고, 그 무서운 회초리를 들었던 어머니 모습을 영원히 잊을 수가 없을 것이다.

"니 입만 입이가!"

부산에서 명지초등학교에 다니던 어느 날이었다. 5-6학년 때지 싶다. 학교에서 돌아오니 웬일인지 밭에 있을 어머니가 집에 있었다. 밭에서 일을 다 마치고 일찍 돌아왔는지, 아니면 아예 밭에 나가지 않았는지 어머니가 그 시각에 집에 있는 게 참으로 뜻밖이었다. 나는 예의 버릇대로 어머니를 보자마자 소리쳤다.

"엄마아!"

부엌에 있던 어머니는 내 목소리를 듣고 활짝 웃는 표정으로 말했다.

"배고푸제? 쪼매만 기달리라. 니 좋아하는 수루매(오징어) 볶아 놨다."

잠시 후에 어머니가 부엌에서 밥상을 들고 나왔다. 아주 먹음직스러워 보이는 오징어 볶음이 상에 올라 있었다.

나는 오징어를 아주 좋아한다. 오징어 볶음도 좋아하지만 마른 오징어를 더 좋아한다. 어릴 때는 울릉도 여자하고 결혼하는 것이 꿈이었다. 울릉도 여자하고 결혼하고 싶다고 노래를 불렀을 정도였다.

나는 오징어 볶음을 보자마자 너무나 먹고 싶어서 잽싸게 젓가락으로 한 점을 집어서 얼른 한입에 쏙 넣었다. 아무소리 안하고 정신없이 먹었다. 달짝지근하게 볶은 어머니의 오징어 볶음은 내게는 천하일품이었다.

몇 번 안 씹었는데도 오징어는 목구멍으로 다 넘어가고 말았다. 다시 오징어를 한 점 집었다. 아까처럼 잽싸게 입에 넣고 맛있게 먹었다. 그 순간 어머니가 말했다.

"야 이자슥아! 니 입만 입이가? 니 눈에는 에미가 안보이나!"

나는 입안에 든 오징어가 너무나 맛있어서 어머니가 한 말이 귀에 제대로 들어오지 않았다. 그래서 무시하고(?) 세 번째 젓가락으로 또 오징어를 집으려고 했다. 그러자 어머니는 아까 한 말을 다시 했다.

"야 이자슥아! 니 입만 입이가? 니 눈에는 이 에미가 안 보이나?"

그리고 어머니는 사정없이 손바닥으로 내 뒤통수를 쳤다. 그 순간 나는 조금 전에 어머니가 했던 말이 무슨 뜻인지를 겨우 알았다. 나는 울먹이면서 말했다.

"엄마, 잘못했습니다. 다시는 안 그럴게요."

내 눈에는 닭똥 같은 눈물이 뚝뚝 떨어졌다.

조계사에는 나를 알아보는 비둘기가 한 마리 있다. 왼쪽 다리가 병신이다. 그래서 왼다비라고 이름을 지어주었다. 그 왼다비 때문에 나는 일주일에 두서너 번은 조계사에 간다. 여느 때처럼 왼다비에게 모이를 주고 나오는 길이었다. 일주문 앞 횡단보도에 서서 신호를 기다렸다. 그때 남루한 차림의 아주머니가 내게 활짝 웃으며 다가왔다.

"어머나, 송현 선생님! 반갑습니다."

어찌나 반가워하는지 나는 그냥 있을 수가 없어서 그녀에게 악수를 청했다. 그녀는 반갑다며 어쩔 줄을 몰랐다. 그러더니 잽싸게 가방 속에서 포도 한 송이를 꺼냈다. 그녀가 말했다.

"혹시 오늘 조계사에서 선생님 만나면 드리려고 가져온 거예요. 선생님께서 다리 다친 비둘기에게 모이 주러 조계사에 자주 오신다고 방송에서 이야기 했잖아요. 이 포도가 먼 데서 온 거예요. 우리 고향이 청도거든요. 아침에 집을 나설 때 혹시 선생님 만나면 드리려고 가져왔어요."

"고맙습니다. 아주머니!"

나는 아주머니의 손을 다시 꼭 잡아주었다. 그 순간 신호가 바뀌었다. 아주머니는 내 등 뒤에서 손을 흔들고 서 있었다.

인사동 네거리에는 나를 알아보는 농아 아저씨가 있다. 부부가 리어카에서 모자를 판다. 매일 부부가 함께 나와서 장사를 하는데 두 사람 다 농아이다. 여러 해 전 내가 인사동에 있던 모출판사 고문으로 일할 때는 거의 매일 보던 인연으로 요즘도 얼굴을 마주치면 서로 인사를 한다.

인사동 네거리를 지날 때마다 그이가 보이지 않으면 궁금하기도 하고 걱정도 되었다. 혹시 무슨 사고라도 났는지? 아니면 부부 싸움이라도 해서 이혼이라도 했는지? 아니면 어디가 아픈지?

언제나 농아 아저씨는 나를 보면 활짝 웃으면서 인사를 했다. 나도 웃으면서 화답했다. 기본적인 인사 정도는 말이 필요가 없다. 그냥 눈빛만으로도 서로 통하는 사이가 되었다. 그 순간 갑자기 어머니 말이 생각났다.

"야 이자슥아! 니 입만 입이가!"

나는 뚜벅뚜벅 그이 앞으로 다가 갔다. 가방에서 아까 선물 받은 청도에서 온 포도 송이를 꺼내서 그이에게 건넸다. 그러자 그이는 두 손으로 공손하게 받으면서 기뻐서 어쩔 줄 몰랐다. 그이가 수화로 고맙다는 표시를 했다. 나는 내식대로 엉터리 수화로 말했다.

"이것을 두 분이 같이 드세요!"

그러자 그이는 돌아서서 딴 일을 하고 있던 자기 아내 어깨를 치면서 내가 준 포도송이를 치켜들면서 설명했다. 그러자 그녀는 수줍은 인사를 내게 했다. 나도 그녀에게 눈인사를 하고 엉터리 수화로 말을 했다.

"두 분이 맛있게 드셔요!"

그들은 내 엉터리 수화에 더 활짝 웃었다. 그리고는 그들의 시야에서 내가 사라질 때까지 손을 흔들고 서 있었다.

나는 이날까지 살아오면서 오징어 볶음을 참 많이 먹었다. 그날 어머니에게 뒤통수를 얻어맞으면서 먹었던 그 오징어 볶음은 내가 이날까지 먹어본 오징어 볶음 중에서 가장 맛있던 오징어 볶음이었다.

이따금 맛있는 것을 먹을 때는 혹시 옆에 누가 있는지를 반드시 살펴본다. 혹시 옆에 누가 있는데 같이 먹자 소리를 안 하고 혼자 먹었다간 어머니가 사정없이 내 뒤통수를 후려치면서 호통을 칠 것만 같다.

"야, 이자슥아! 니 입만 입이가? 니 눈에는 이 에미가 안 보이나?"

"밥은 밖에서 먹더라도 잠은 반드시 집에서 자거라."

내가 어릴 때 우리 동네 아이들은, 특히 저녁이면, 오늘은 이집 내일은 저집으로 몰려다니며 놀았다. 이런 이야기 저런 이야기, 이런 장난 저런 장난을 되는대로 하다보면 금세 밤은 깊어갔다.

겨울이면 어떤 집에서는 감자가 나왔고, 어떤 집에서는 고구마가 나왔고, 어떤 집에서는 동치미가 따라 나왔다. 아이들은 마치 자기 집에서 먹는 것처럼 자연스레 맛있게 아무 눈치도 보지 않고 먹었다. 그렇게 이집 저집 몰려다니면서 놀다가 어떤 때는 이웃 동네에까지 가서 놀 때도 있다.

언젠가 이웃 동네 신전리의 근수가 자랑을 했다.

"우리집에 놀러 오면 감자 말고 고구마를 줄께!"

아이들은 고구마란 말에 귀가 솔깃했다. 우리 동네에서는 더러 감자를 심는 집은 있어도 고구마를 심는 집은 드물었다. 아마 토양이 감자에 적합하고 고구마에는 적합하지 않은 탓이지 싶다. 그래서 감자는 거의 집집마다 있었지만 고구마가 있는 집은 없었다. 그런 판에 근수가 한 말은 아이들의 군침을 돋우기에 충분했다.

우리 동네 아이들 세 명이 저녁을 먹자마자 서둘러 이웃마을 신전리 근수네 집으로 갔다. 근수네 집에는 근수 이웃에 사는 어린이들 세 명이 먼저 와서 놀고 있었다.

근수는 기다렸다는 듯이 삶은 고구마를 한소쿠리 담아 왔다. 아이들은 이게 웬 떡이냐 하고 와르르 덤벼들었다. 제마다 큰 놈을 골라서 게걸스럽게 먹기 시작했다.

그때 마침 근수 어머니가 동치미를 여러 대접에 나누어서 퍼 왔다. 우리는 신이 나서 서로를 쳐다보면서 싱글벙글했다.

우리끼리 고구마를 먹고 동치미까지 먹으면서 노는 것만 해도 재미가 꼴꼴 나는데 뜻밖에 근수네 꼴머슴 두식이도 합세를 하였다. 두식이는 옛날이야기를 어디서 주워들었는지 참 잘했다. 거기다가 노래까지 잘했다. 그래서 아이들은 두식이를 참 좋아했다.

그날따라 두식이는 귀신 이야기를 하였다. 아이들은 평소에도 귀신 이야기를 아주 좋아했다. 그날 두식이의 귀신 이야기는 정말 흥미진진했다. 공동묘지 초입에서 귀신이 나타나기 시작하였다.

물론 그 귀신은 소복을 하였고, 얼핏 보면 귀신같지가 않았다. 도입부부터 아이들은 숨을 죽였다. 이야기가 점점 진행됨에 따라서 아이들은 어깨가 서로 닿을 만치 가깝게 웅크리고 앉았다. 두식이는 노숙하게 귀신 이야기를 이어갔다.

두식이의 귀신 이야기는 좀처럼 끝이 나지 않았다. 끝날듯하다가도 반전이 일어나서 흥미가 점점 더해갔다. 그러는 사이에 밤이 깊어지고 말았다. 같이 간 동무들이 다 근수네 골방에서 졸리기 시작했다. 이때 근수가 말했다.

"다 자고 가라! 내일 아침도 줄게!"

아이들이 서로를 쳐다보고 눈빛으로 수락을 했다. 거기다가 조금 전에 한 두식이의 귀신 이야기 때문에 간이 작아질 대로 작아진 터라서 그 밤에 밖을 나선다는 것은 여간 무서운 일이 아니기도 했다.

나는 그래도 집에 가고 싶었다. 그런데 그날따라 두식이의 귀신 이야기가 너무나 무서워서 혼자서 우리집으로 돌아온다는 것은 너무나 무서운 일이라 도저히 엄두가 나지 않았다.

우리 동네 동무들 셋이 같이 한방에서 자는 것쯤이야 별 문제가 없을 듯도 하지만 그래도 어머니가 쉽게 넘어가지 않을 것만 같았다. 나는 아무래도 혼자서라도 집으로 가야 할 것 같았다. 자리에 눕지 않고 쭈뼛쭈뼛 하는 것을 본 근수가 말했다.

"야, 와 그라노? 빨리 눕고 자자!"

더듬거리면서 내가 말했다.

"나 혼자라도 집에 가고 싶은데……"

내가 말끝을 흐리자 내 동무 상구가 말했다.

"아까 그 귀신이 밖에서 몰려올 것 같은데?"

그러자 다른 아이들이 다 맞장구를 쳤다.

"그래, 아까 그 귀신이 금세 덮치고 말 거야."

그러자 나는 오싹 소름이 끼쳤다. 할 수 없이 이불 속으로 숨을 수밖에 없었다.

다음날 집에 도착하였을 때 어머니는 밭에 일하러 나가지도 않고 나를 기다리고 있었던 것 같았다. 내가 풀이 죽은 소리로 인사를 했다.

"엄마, 신전리 근수네 집에서 자고 왔어요. 밤늦게 혼자서라도 오려고 했는데 두식이가 무서운 귀신 이야기를 하는 바람에 겁이 나서 못 왔어요."

어머니는 아무 소리도 않고 헛간으로 갔다. 반반한 회초리 하나를 그 자리에서 만들어 나왔다. 아무 말도 않고 나의 종아리를 때리면서 말했다.

"이놈으 자슥! 사내새끼가 벌써부터 밖에서 자고 돌아다니면 니 같은 놈이 크면 뭐가 되겠노? 사내는 설령 밥이야 밖에서 먹는 일이 있어도 잠은 반드시 집에 와서 자야지! 멀쩡한 내집 두고 와 잠을 밖에서 자고 오노? 그런 못된 버릇 어디서 배웠노?"

어머니는 사정없이 나의 종아리를 때렸다. 울면서 내가 빌었다.

"엄마, 다시는 남의 집에서 자고 오지 않을게요. 두식이의 귀신 이야기만 아니었어도 왔을 거예요."

"이자슥이 무슨 말이 그리 많노! 다시는 밖에서 자고 오지 않겠다고 한마디만 해라!"

"예. 다시는 밖에서 자고 오지 않겠습니다."

어머니가 추가 주문을 했다.

"귀신이 아무리 무서워도 반드시 잠은 집에 와서 자야 한다! 알았나?"

나는 울면서 대답했다.

"예, 귀신이 나와도 반드시 집으로 와서 자겠습니다."

그때 우리 아버지는 첩이 있었다. 장터에서 술집을 하는 여자인데 그분이 아버지의 첩이라고 했다. 그래서 우리 어머니는 사내가 밖에서 잠을 자는 것에 너무나 예민하게 받아들인 것 같다. 그래서 어쩌면 아버지가 하는 외박 분풀이를 어머니는 아들인 나한테 하는 것이었는지도 모른다.

좌우지간 그 뒤에도 친구 집에서 자고 온 적이 몇 번 더 있었다. 그럴 때마다 어머니는 밭에 일하러 가지 않고 아예 손에는 회초리를 들고 나를 기다리고 있었다. 나는 종아리에 피가 나도록 맞고 다시는 밖에서 자지 않고 집에 와서 자겠다는 약속을 굳게굳게 하였다.

그래 그런지 나는 이날까지 잠을 밖에서 자본 적이 그리 많지 않다. 가능하면 집에 와서 잤다. 더러는 나 혼자서 돌아오는 바람에 그 분위기를 깬 적도 적지 않다. 그때마다 그럴듯한 거짓말이나 핑계를 대고 그 자리를 빠져나와서 집에 와서 잤다.

그 바람에 나는 경우에 따라서 반드시 밖에서 자야할 경우는 아주 고통스럽다. 잠자리나 이부자리가 마음에 들지 않아서가 아니라 내 집이 아닌 데서 잠을 잔다는 것이 익숙하지 않기 때문이다.

"죽으면 썩어질 몸인데 와아 몸을 애끼노?"

내가 고등학교 때 부산 서대신동 판자촌에서 자취를 할 때의 일이다. 매주 토요일이면 고향집으로 가서 하룻밤을 자고 다음날 오후쯤에 일주일 동안 먹을 쌀과 반찬 그리고 숯을 보따리 보따리 싸서 자취방으로 돌아오곤 했다.

고향집에서 일요일 아침을 맞았다. 그날 갑자기 비가 내렸다. 어머니는 혼자서 비설거지를 하기 시작했다. 그때 나는 방에 누워서 책을 보고 있었다. 빗발이 점점 세차졌다. 그러자 어머니는 더 빨리 움직이기 시작했다. 마당에는 멍석을 깔고 늘어놓은 콩과 햇볕에 말리던 고추 등 치울 것이 많았다.

물론 빨랫줄에 빨래가 잔뜩 널려있었다. 들판에 내다 매어놓은 소와 염소도 몰고 와야 하고 할 일이 갑자기 많아졌다. 그런데도 그때까지 나는 방안에서 책을 보고 있었다. 그때 어머니가 나 들으라고 고함을 쳤다.

"야, 이놈아! 죽으면 썩어질 몸인데, 이 에미 혼자서 비설거지 하느라 미친 년 널뛰듯이 정신없는데 니는 누워 자빠져서 책을 보면 글자가 눈에 들어오나?"

그 소리를 듣는 순간 나는 뜨끔하였다. 재빨리 밖으로 나왔다. 어머니는 혼자서 이리 뛰고 저리 뛰고 정신이 없었다. 멍석 위에 널린 고추를 담는 것을 도우려고 어머니 쪽으로 다가갔다. 어머니가 말했다.

"이거는 내 혼자 다 할 수 있다. 니는 얼른 가서 소와 염소를 몰고 와라. 빨리 뛰어가 봐라!"

나는 갑빠(비옷)를 걸쳐 입고 밖으로 뛰어나갔다. 빗줄기가 점점 굵어졌다. 우리 소는 들판 어귀에서 비를 맞고 서 있었다. 내가 달려오는 것을 본 염소는 애처롭게 울고 있었다.

그날 이후로 나는 어머니가 한 말이 걸핏하면 생각이 났다.

"야, 이놈아! 죽으면 썩어질 몸인데, 이 에미 혼자서 비설거지 하느라 미친 년 널뛰듯이 정신없는데 니는 누워 자빠져서 책을 보면 글자가 눈에 들어오나?"

주말뿐 아니라 방학 때가 되어도 어머니가 하는 일을 도우려고 내 딴에는 애를 썼다. 집안일도 도우려고 노력했고, 밭일도 도우려고 노력했다. 그때그때 내 딴에는 몸을 아끼지 않고 이일저일 닥치는 대로 힘껏 도운다고 도왔다.

1974년에 상경하여 서라벌고등학교 교사를 하다가 사직을 하고 공병우 한글기계화연구소로 직장을 옮겼다. 그동안 직장이라고는 교직밖에 몰랐던 내게 공병우 한글기계화연구소는 참으로 낯설고 너무나 엉뚱한 곳이기도 했다.

모든 일을 내가 찾아서 해야 하고, 일이 없으면 일을 만들어야 했다. 그럴 때마다 나는 어머니가 했던 말을 생각했다.

"야, 이놈아! 죽으면 썩어질 몸인데, 이 에미 혼자서 비설거지 하느라 미친 년 널뛰듯이 정신없는데 니는 누워 자빠져서 책을 보면 글자가 눈에 들어 오나?"

나는 어릴 때 농촌에서 자라면서 보고 자란 것이 우리 어머니 아버지가 매일 밭에서 일을 하는 것이었다. 우리집 머슴도 비가 오나 안 오나 매일 일을 하였다. 비가 오는 날은 밭에 나갈 수가 없으니 집에서 온종일 새끼를 꼬았다.

그리고 우리 소도 항상 일을 하였다. 이런 것을 보고 자란 나는 공병우 한글기계화연구소에 가서 내 딴에는 죽을 둥 살 둥 모르고 열심히 일을 했다. 더러는 게으름을 피우고 싶을 때가 있었다. 그럴 때마다 나는 어머니가 했던 말을 떠올렸다.

"야, 이놈아! 죽으면 썩어질 몸인데, 이 에미 혼자서 비설거지 하느라 미친 년 널뛰듯이 정신없는데 니는 누워 자빠져서 책을 보면 글자가 눈에 들어오나?"

나는 이 년 동안 공병우 한글기계화연구소에서 머슴처럼 소처럼 열심히 일을 하였다. 어느 날 공병우 박사께서 나를 불렀다. 나를 앉혀놓고 공 박사는 다음과 같이 말했다.

"그동안 송현 선생이 일하는 것을 지켜보았소. 당신같이 일도 잘하고 말도 잘하고 글도 잘 쓰고 용기 있는 젊은이는 처음 보았소. 당신을 믿고 공병우 타자기에 관한 모든 것을 물려주겠소.

그리고 내일부터 공병우 타자기주식회사 대표이사가 되어서 열심히 해보세요. 한글기계화 발전에 앞장서서 이 나라를 위해서 그동안 해왔던 것처럼 열심히 일하기 바라오. 당신은 앞으로 큰일을 해야 합니다."

참으로 뜻밖의 말이었다. 그 뜻밖의 말을 듣는 순간 나는 어머니가 한 말이 생각이 났다.

"야, 이놈아! 죽으면 썩어질 몸인데, 이 에미 혼자서 비설거지 하느라 미친 년 널뛰듯이 정신없는데 니는 누워 자빠져서 책을 보면 글자가 눈에 들어오나?"

맞다! 죽으면 썩어질 몸이다. 그러니 살아있는 동안 최선을 다해서 몸 아끼지 않고 열심히 해야 한다. 일 할 때는 일을 열심히 하고, 공부 할 때는 공부를 열심히 해야 한다. 밥 먹을 때는 밥을 열심히 먹고, 사랑할 때는 사랑을 열심히 해야 한다.

소처럼 머슴처럼 열심히 일을 하였더니, 서른한 살에 나는 그 유명한 공병우 타자기주식회사 대표이사에 취임하였다.

피카소의 모조 그림과 우리나라 어머니들

어느 날, 피카소의 그림 한 장이 백만 달러에 팔렸다. 어떤 귀부인이 그 그림을 샀다. 그녀는 그것이 혹시 진품이 아니고 모조품이면 어쩌나하는 걱정이 생겼다. 여러 날을 망설이다가 마침내 진품인지 모조품인지 감정을 받고자, 한 미술 평론가를 찾아 갔다. 그림을 유심히 보던 미술 평론가가 말했다.

"이 작품은 진품이 틀림없습니다. 이 그림을 그릴 때, 마침 내가 현장에 있었으니까요."

그는 피카소의 친구였다. 그는 자신만만하게 말했다.

"피카소가 이 그림을 그릴 때, 내가 현장에 있었으므로 이것이 진품이라는 것에는 의심할 여지가 조금도 없습니다. 안심하세요. 진품입니다".

그러나 귀부인은 안심이 되지 않았다. 그녀는 피카소를 직접 찾아가 말했다.

"나는 이미 이 그림을 샀으므로 그것이 모조품이라 해도 할 수 없는 일입니다. 단지 나는 정말로 이것이 진품인지 알고 싶을 따름입니다."

피카소는 그 그림을 보더니 이상한 대답을 했다. 그 미술 평론가도 그 그림을 그릴 때 그 자리에 있었고, 피카소와 동거하던 애인도 그곳에 있었는데 그는 이렇게 말했다.

"이 그림은 진품이 아닙니다."

그러자 피카소 애인이 말했다.

"내가 보는 앞에서 당신은 이 그림을 그렸어요. 이 비평가 선생도 그 자리에 있었어요. 그런데 어떻게 그것이 진품이 아니라고 말할 수 있어요?"

피카소가 말했다.

"내가 이 그림을 그린 것은 사실입니다. 하지만 그것은 오리지널이 아닙니다. 나는 과거에도 그것과 똑같은 그림을 그린 적이 있어요. 달리 할 일이 없었기 때문에 나는 똑같은 그림을 반복해서 그렸을 뿐입니다. 오리지널은 지금 파리 박물관에 소장되어 있습니다. 가서 확인해 보세요. 이것은 그 사본에 불과합니다. 누가 사본을 만들었는지는 중요하지 않습니다. 내 자신이 그 사본을 만들었다고 해서 사본이 진품이 되지는 않습니다. 나에게는 첫 번째 그림이 오리지널이었습니다. 그것은 내 존재의 침묵으로부터 탄생하였습니다. 그 그림을 그릴 때 나는 무심의 경지여서 내가 무엇을 그리고 있는지도 알지 못했습니다. 그러나 이 그림을 그릴 때는 그렇지 않았습니다. 이것은 마음의 산물이지만, 첫 번째 그림은 마음을 초월한 곳에서 탄생하였습니다."

피카소의 이 말은 그림을 샀던 귀부인에게는 대단히 충격적이고 가슴 아픈 말이겠지만, 우리나라의 많은 어머니들에게는 적지 않은 교훈이 될 보석처럼 빛나는 명언이라 생각한다.

이 땅의 욕심쟁이 엄마들이 들으면 고개를 갸웃하겠지만, 가장 위대한 교육자로 불리는 페스탈로치는 제 자식에게 열두 살 때까지 글을 가르치지 않았다고 한다. 왜 페스탈로치는 제 자식에게 열두 살까지 글을 가르치지 않았을까? 페스탈로치의 말을 직접 들어보자.

"어린 아이에게 글자를 가르치는 게 그리 중요하지도, 급하지도 않습니다. 아이들은 글자를 배우는 일보다 매일 즐겁게 뛰놀고, 튼튼하게 자라는 것이 더 중요합니다. 글자는 천천히 가르쳐도 아무 상관이 없습니다."

그러나 이 땅의 욕심쟁이 어머니들은 한 술 더 떠, 귀저기 벗긴지 얼마 되지 않은 애기에게 피아노 가르칠 궁리하고, 미술 학원 보낼 궁리하고 있는 것이다. 어머니의 지나친 욕심이 아이의 일생을 망치게 하는 줄을 모르는 모양이다.

대학 입시 부정 사건의 주역이었던 어떤 장군의 부인이, 남편의 별도 떨어트리고, 아들의 신세도 망치고, 스스로 쇠고랑을 차게 된 사건도 좋게 말하면 교육열이 높아서 이지만, 까놓고 말하면 욕심이 많았기 때문이다. 정도의 차는 있겠지만 욕심이 대부분의 일을 그르치게 하는 것은 매 한가지이다.

이 땅의 적지 않은 어머니들이 욕심으로 가득 차 있다. 이 욕심을 좋게 말해서 교육열이라고 한다. 점잖게 말하여, 욕심이 많다고 하지 않고 교육열이 높다고 한다. 아무리 점잖고 고상한 표현을 해도 까놓고 말하면 욕심이지 별 수 없다.

피카소가 진품과 모조품을 구별하는 기준을 이렇게 말했다.

"그 그림(진품)을 그릴 때는 나는 무심의 경지여서 내가 무엇을 그리고 있었는지도 알지 못했다."

그런데 이 땅의 욕심쟁이 어머니들은 아직 귀저기 차고 있는 어린아이에게 앞으로 무엇을 만들겠다고 욕심을 품고 뭘 빨리 못 가르쳐서 안달을 하는 것이다. 그런데 분명한 것은 욕심의 산물로 키운 아이는 결국은 모조품이 되고 만다는 점이다. 인간은 진품이어야 하고, 삶도 오리지널이어야 한다. 인간의 최대 비극은 모조품 인간이 되는 것이고, 모조품 삶을 사는 것이다.

어린 나이에 골프를 친다고 누구나 박세리가 되는 것이 아니고, 어린 나이에 스케이팅을 한다고 누구나 다 김연아가 되는 것이 아니다. 광적인 어머니가 어린아이에게 일찍부터 억지로 피아노를 가르쳐, 나중에 명성을 떨치는 피아니스트가 된 경우가 전혀 없지는 않다. 그러나 그런 경우는 그야말로 극소수이다! 이런 극소수 즉 인류 역사에 손꼽을 만한 극소수의 경우를 보고 착각에 빠져서 아무 죄 없는 어린이를 놀이터에서 마음껏 흙장난하고 놀 어린이에게 피아노 학원이나 미술학원에 강제로 보내는 한심한 어머니들이 얼마나 많은가!

어느 날 미켈란젤로가 대리석 가게 앞을 지나치고 있었다. 커다란 대리석 하나가 눈에 띄었다. 그는 가게 주인에게 가격을 물었다. 가게 주인이 대답했다.

"그 대리석은 돈을 받지 않습니다. 지난 10년간 그것을 팔려고 시도했지만 아무도 사려고 하지 않았습니다. 가게는 비좁은데 그것이 공간을 다 차지하고 있어 아주 골치입니다. 당신이 원한다면 그냥 가져가도 좋습니다. 그러면 나는 다른 대리석을 몇 개 더 진열할 수 있을 것입니다. 이 대리석은 정말 쓸모가 없습니다."

그래서 미켈란젤로는 그 대리석을 가져갔다. 일 년이 지나, 그 가게 주인을 자기 집으로 초대했다. 미켈란젤로가 말했다.

"이제 보십시오. 그 대리석이 꽃피어났습니다."

그것은 미켈란젤로의 걸작 중의 걸작이었다. 그것은 예수 그리스도의 상이었다. 예수의 어머니 마리아가 십자가에서 내려진 예수 그리스도의 몸을 껴안고 있는 상이었다. 예수는 거의 벌거벗은

몸으로 그녀의 무릎 위에 누워있고, 그녀는 그의 얼굴을 내려다보고 있었다. 그것은 세계에서 가장 아름다운 조각상 중의 하나였다.

가게 주인이 물었다.

"어떻게 이러한 조각품을 탄생시킬 수 있었습니까?"

미켈란젤로가 대답했다.

"그것은 내가 한 것이 아닙니다. 내가 이 대리석 앞을 지나갈 때 예수가 나를 불렀습니다. '나는 지금 이 대리석 속에 누워 있다. 불필요한 부분들을 제거하여 내 모습이 드러나게 하라!' 대리석 안을 들여다본 나는 십자가 옆 어머니 무릎에 누운 예수의 모습을 볼 수 있었습니다. 이 조각상이 안에 숨어 있었기 때문에 그 대리석은 그토록 기묘한 모습이었던 것입니다. 나는 불필요한 부분을 쪼아냈을 뿐인데, 이러한 기적이 탄생한 것입니다."

미술에 소질이나 재능은커녕, 관심도 흥미도 없는 어린 것을 잡아다가 강제로 미술학원에 보내봐야 미켈란젤로가 될 확률은 1% 도 없다.

오늘날 날로 치열해지는 경쟁에서 살아남기 위해서는 남보다 빨라야 하는 것은 어쩔 수 없는 일이기도 하다. 그렇지만 세상의 모든 것은 다 그것에 걸맞은 시간이 필요한 법이다. 이것은 또한 자연의 이치이기도 하다. 씨를 뿌렸으면 기다릴 줄도 알아야 한다. 빨리하려고 서두르는 것은 일을 그르치는 지름길이기 쉽다. 자연의 이치에 거역하면서까지 빨리 서두르는 것은 싹이 난 것을 빨리 자라게 하려고 위로 뽑아 올리는 것과 같다. 미켈란젤로에게 대리석 속에서 예수가 나타난 것은 하루아침에 갑자기 일어나는 기적이 아니다. 그리고 아무에게나 일어나는 것도 아니다. 그것을 볼 수 있는 자격이 구비되었을 때 그것이 보이는 것이다. 배울 준비가 된 자에게 스승이 나타나는 법이다.

특히 젊은 어머니들이여!

아이들을 순수하게 키우기 바란다. 출생신고서에 도장밥도 마르지도 않은 애를 놓고, 앞으로 의과대학이나 법과대학 보낼 궁리를 하지 말기 바란다. 그런 불순한(?) 목적을 가지고 애를 키우면, 오리지널이 되지 않고, 모조품이 되기 쉽다는 사실을 잊지 말기 바란다.

제 3 장

죽는 공부를 했는가, 사는 공부를 했는가?

"남의 이야기 쓰지 말고 니 이야기를 써야지!"

대학교 1학년 초겨울 때 일이다. 나는 총학생회 휴게실에서 나를 흥분으로 몰고 가는 공고문을 보았다. 바로 우리 대학교에서 전교생 대상으로 문학 작품을 모집한다는 "동아문학상 작품 모집" 공고였다. 상금도 만만치 않았다. 나는 속으로 이런 생각을 했다.

'좋아! 내가 응모해야지. 그리고 반드시 1등을 하여 내가 동아문학상을 받아야지!'

그 순간부터 나는 흥분하여 거의 딴 사람이 되었다.

시와 소설 중에서 어느 장르를 응모할 것인가부터 고민하였다. 소설을 응모하기로 했다.

그해 겨울 방학이 되었다. 부산 자취방에서 이것저것 필요한 짐을 챙겨서 시골집으로 갔다. 마침 시골집 아래채에 우리 머슴방이 비어있었다. 사람이 자지 않기 때문에 빈 방이었다. 불을 때지 않아서 완전히 냉골이었다. 그 방에서 소설 원고를 쓰면서 겨울 방학을 보내겠다고 하였더니 어머니가 기겁을 하면서 반대를 하였다. 반대하는 이유가 참 단순했다.

"그 방은 몇 달째 불을 때지 않아서 완전 냉골이다. 추워서 안 된다!"

나는 아무리 추워도 상관이 없다고 하면서 끝까지 고집을 부려서 그 추운 방에서 겨울 방학을 보내기로 했다. 다른 사람은 얼씬도 하지 않으니까 내가 공부하고 작품을 쓰는 데는 안성맞춤일 것이라 생각했다. 물론 방에 불을 때지도 않고 전기장판 따위도 없었다. 바닥에 까는 요와 덮는 이불뿐이었다.

추운 날에 글을 쓰려고 펜에 잉크를 찍으면 펜촉 끝에 묻은 잉크가 금방 얼었다. 글을 쓸 때는 입을 가까이 대고 "호오" 하고 입김으로 불었다. 그러면 얼었던 잉크가 녹았다. 이런 냉골에서 겨울을 나면서 나는 단편소설 한 편을 끙끙대면서 완성했다.

단편소설의 내용은 내가 어릴 때 들었던 우리 할아버지 꿈에 관한 이야기를 소재로 하여 소설로 꾸민 것이다.

우리 할아버지가 쉰 살 무렵 낮잠을 자다가 꿈을 꾸었다. 꿈에 저승사자가 와서 할아버지 이름을 부르면서 말했다.

"너를 잡으러 왔다!"

놀란 할아버지가 저승사자에게 말했다.

"너무 억울합니다. 저는 아직 쉰 살 밖에 되지 않았는데 벌써 저를 잡아가면 너무 억울합니다! 좀 더 살고 싶습니다!"

할아버지는 저승사자의 바짓가랑이를 잡고 통사정을 하였다. 그러자 저승사자가 말했다.

"좋다. 그러면 1년 있다가 너를 데리러 오겠다! 1년!"

그 순간 할아버지는 꿈에서 깨어났다. 그날부터 할아버지는 시름시름 앓기 시작했다. 1년 뒤에는 저승사자가 데리러 온다고 했으니, 이제 아무 희망이 없었던 것이다.

온 가족들이 이 사실을 알고 함께 걱정하였다. 집안 분위기가 거의 초상집 수준이 되었다. 드디어 한 달이 남았다. 할아버지는 완전히 뼈만 앙상하게 남았다. 거의 식음을 전폐하다시피 하고 저승사자를 기다리고 있었다.

일주일이 남았다. 할아버지는 거의 물도 입에 대지 못하였다. 하루가 남았다. 할아버지는 거의 실성하다시피 하였다. 드디어 그날이 왔다. 할아버지는 거의 숨을 멎을 만치 거의 송장이 되다시피 하였다. 가족들은 할아버지 주위에 모여서 대성통곡을 하였다.

그런데 그날 저승사자는 오지 않았다. 그래서 할아버지는 그날 죽지 않았다. 다음날도 오지 않았다. 그 다음날도 오지 않았다. 한 달이 지나도 오지 않았다. 일 년이 지나도 오지 않았다. 그 뒤 할아버지는 여든까지 살았다.

대충 이런 꿈 이야기를 듣고 이를 줄거리로 해서 소설을 썼고,

제목을 〈포기령〉이라고 정했다.

새 학기가 되자 부산 자취방으로 갔다. 개학을 하자 2학년이 되었다. 제일 먼저 한 것이 〈포기령〉이란 단편소설을 동아문학상에 응모하는 일이었다. 첫날 학교에 가자마자 응모했다.

마침내 동아문학상 발표 안내문이 게시판에 붙었다. 내가 소설부 동아문학상을 받았다.

그때 내가 쓴 소설 〈포기령〉을 어머니에게 보여주었다. 다 읽고 난 뒤에 어머니가 말했다.

"나는 소설이 뭔지는 모른다. 그러나 니가 쓴 소설은 나도 잘 아는 이야기구나. 나도 할아버지한테 직접 들었던 이야기이다. 그런데 내 생각에는 이런 남의 이야기를 가지고 소설로 쓰지 말고 이왕이면 니 이야기를 가지고 소설을 쓰면 더 좋지 않을까 한다. 이 에미 말 참고할 가치가 있으면 참고해라!"

다음 해에는 동아문학상 시부에 응모를 하였다. 그때는 〈격전지〉라는 시를 써 동아문학상을 또 받았다. 월남전에 대한 이야기를 소재로 전쟁에 대해서 쓴 작품이다. 제4회 동아문학상을 받고 나서 어머니에게 이 작품을 보여주었다. 그러자 어머니가 말했다.

"나는 시에 대해서 모른다. 그런데 니가 쓴 시는 월남전에 관한 이야기인데 월남전은커녕 아예 군대도 안 갔다 오고 겨우 방위병 제대한 늠이 월남전 이야기를 가지고 시를 썼다면 누가 이 시를 옳게 보겠나?
그러고 보니 니는 지난 번에 소설도 니 이야기가 아니고 할아버지 꿈 이야기였고, 이번 시도 월남전 이야기를 썼는데 나는 생각이 아주 다르다. 이왕이면 니가 직접 경험한 것을 바탕으로 소설을 쓰고 시를 쓰면 좋지 않을까 생각한다. 이 에미 조언이 혹시 니한테 도움이 되면 좋겠다!"

나는 뭐라고 변명을 할 수가 없었다. 한참 동안 말을 못하고 있다가 분위기가 너무 어색해서 한마디 했다.

"엄마 말이 맞아요. 〈포기령〉이나 〈격전지〉가 다 남의 이야기입니다. 어머니 지적처럼 내 이야기가 아닙니다. 내가 직접 경험한 것이 아닙니다. 앞으로는 내가 직접 경험한 것을 바탕으로 소설을 쓰고 시를 쓰겠습니다. 어머니, 정말 미안합니다!"

어머니는 더 이상 아무 말도 않고 내 손을 꼭 쥐어 주었다. 그때 어머니의 손끝으로 전해오던 그 뜨거운 사랑을 나는 영원히 잊을 수가 없을 것이다.

언젠가 강릉에서 지역 문인들을 대상으로 문학 강연을 하였다. 그때 KBS TV 카메라가 나를 따라왔다. 그만큼 나도 잘나가던(?) 시절이 있었다. 시청 회의실에 문인들이 제법 많이 모였다. TV 카메라가 따라다니니 그들도 많이 긴장하는 눈치였다. 아마도 "우와, 송현 선생이 만만치 않구나!" 하고 놀랐지 싶다.

나는 연단 앞으로 나가서 칠판에다 특강 제목을 다음과 같이 썼다.

"나훈아와 너훈아"

그리고 나의 문학관에 대하여 강의를 시작했다.

나훈아와 너훈아의 음악적 재능의 차이는 얼마나 될까? 노래 실력이 두 배 차이가 날까, 안 날까? 내 생각에는 두 사람의 재능의 차이는 거의 비슷하지 않을까 싶다. 모창가수 너훈아의 가창력도 만만치 않다.

그런데 이 두 사람의 음악적 재능은 크지 않은데 몸값은 하늘과 땅만큼 차이가 난다. 나훈아는 무대에 한번 서면 몸값이 억대인데 너훈아는 밤업소 무대에 서면 기백만 원대에 불과하다고 한다. 그 까닭이 무엇이라고 생각하는가?

그것은 나훈아는 자기 노래를 부르고 너훈아는 나훈아의 노래를 부르기 때문이다. 다시 말하면 한 사람은 자기 노래를 부르고 한 사람은 남의 노래를 부른다는 것이다.

이처럼 문인이 글을 쓸 때도 자기 글을 써야한다. 자기 글을 쓰지 않고 남의 글을 쓰면 마치 모창가수 너훈아가 나훈아 노래를 부르는 것과 같다.

자기 글이란 어떤 글일까? 글쓴이의 생각과 삶이 글 속에 녹아 있는 글을 말한다. 자기의 생각과 자기의 삶이 글 속에 묻어있지 않으면 그것은 아무리 미사여구를 많이 늘어놓아도 자기 글이 아닌 남의 글이 되고 만다. 그리고 그런 글은 살아있는 글이 아니고 죽은 글이다. 너훈아가 〈잡초〉나 〈무시로〉를 아무리 잘 불러도 그것은 자기 노래가 아닌 나훈아의 노래일 뿐이다.

글을 쓰는 사람은 자기 생각과 진솔한 자기 삶이 묻어나오는 글을 써야 한다. 진솔한 자기 삶, 자기 생각이 묻어나오지 않는 글을 쓰는 것은 일종의 죄악이다. 왜냐면 그런 글을 묶어서 책을 낼 경우, 열대우림에서 수십 년 수백 년 묵은 원목을 잘라야 하기 때문이다. 종이를 만들려면 원목을 잘라야 하는데, 허접쓰레기 같은 글을 써 책 만들자고 그 아까운 원목을 자른다면 범죄행위나 다름없고 일종의 죄악인 것이다.

좋은 글을 쓰려면 작가가 우선 자신의 삶부터 당당하게 살아야 한다. 내가 말하는 자기 삶이란 주체적으로 사는 것을 말한다. 주체적인 삶이란 지구가 자기를 중심으로 돌아가게 하는 그런 멋진 삶이다. 생각도 자기 생각이어야 하고, 종교도 자기 종교여야 하고, 말도 자기 말이어야 한다. 그러니 남의 생각, 남의 종교, 남의 말을 하면서는 주체적인 삶을 살 수 없다. 주체적인 삶이 아니면 굴종의 삶이요, 노예의 삶이다. 이런 삶은 명품 삶이 아닌 짝퉁 삶이다.

나훈아는 나훈아 노래를 부르고 너훈아는 너훈아 노래를 불러야 각각 주체적으로 사는 것이다. 이는 마치 장미는 장미꽃을 피우고 패랭이는 패랭이꽃을 피워야하는 것과 같다.

여러분도 여러분의 목소리로 여러분의 글을 쓰기 바란다. 자기 삶을 살고 자기 글을 쓰는 것이야 말로 글 쓰는 사람에게는 최상의 행복이라고 생각한다.

내가 이렇게 나의 문학관에 대한 문학 특강을 마치고나자 큰 박수가 터져 나왔다.

그런데 내가 이러한 문학관을 형성할 수 있었던 것도 따지고 보면 다 어머니의 가르침이 큰 밑거름이 되었다고 생각한다.

"어디 안 아프나?"

내가 서울에 살면서 이따금 부산 어머니에게 전화를 할 때나, 어쩌다 어머니가 전화를 할 때나 어머니는 거의 한마디 밖에 하지 않았다.

"어디 안 아프고, 펜냐(편하냐)**?"**

"예 어머니!"
"됐다, 전화 끊자!"
내가 말한다.
"엄마 엄마, 아직 끊지 마셔요."
어머니가 말했다.
"시끄럽다. 전화비 많이 나온다! 끊는다!"
어머니는 조금도 미련 없이 전화를 끊곤 했다.

여든 둘에 치매에 걸리기 전까지 어머니는 부산에서 혼자 살면서도 내가 전화를 걸었을 경우나 어머니가 내게 전화를 걸었을 경우나 항상 똑같이 한마디만 했다.

"어디 안 아프고, 펜냐?"

내가 육십 년을 살고 보니 이 짧은 말 한마디에 수많은 것이 응축되어 다 담겨 있다는 사실을 알았다. 그래서 내가 우리 아이들에게 전화를 할 때 종종 어머니에게 배운 그대로 말한다.

"별 일 없니? 펜냐?"

이말 한 마디면 다 통한다. 저쪽에서 '예'라고 대답하면 더 이상 할 말이 없어진다.

말에 대해서 공부를 많이 하고 나니 말이 어떤 것인지를 잘 알게 되었다. 우리가 하는 말 중에 수많은 말들이 공허하고 위선적이고 교활한 말이란 것을 알게 되었다. 그리고 말이 얼마나 간사한 것인지도 잘 알게 되었다.

그런데 초등학교 문 앞에도 못 가본 우리 어머니는 이런 것을 이미 다 꿰뚫어 보고 있었던 것 같다.

나는 말이 많은 사람을 경계한다. 그리고 말을 잘하는 사람도 경계한다. 그래서 나는 말을 하면서 항상 내 말의 진정성을 뒷받침할 내 삶의 증거를 제시하려고 애를 쓴다. 내 말의 진정성을 뒷받침할 수 있는 것은 나의 땀과 눈물이다.

그래서 나는 내 땀과 눈물을 자주 이야기 한다. 이를 보고 어떤 사람은 내가 자기 자랑하는 것으로 여기는 이도 있다. 그런데 이런 사람은 나의 진의를 제대로 알지 못하는 것이라고 생각한다.

서양 사람들은 말끝마다 "사랑한다"고 한다. 사랑한다는 말이 입게 발렸다. 거의 습관적으로 하는 말이 사랑한다는 말이다. 그러니 이런 말에 진정성이 얼마나 담겨 있을까? 이 말은 아마 사랑하지 않기 때문에 립 서비스로 하는 말이 대부분일 것이다.

우리 어머니는 나에게 단 한 번도 사랑한다는 말을 하지 않았다. 그런데도 나는 누구보다 어머니가 나를 사랑했다는 것을 잘 안다. 나도 어머니에게 "사랑합니다"란 말을 한 번도 한 적이 없다. 그러나 나는 누구보다 어머니를 사랑했다.

이런 것을 보면 "사랑한다"고 말로 표현하는 것도 중요하지만 굳이 사랑한다는 말로 표현하지 않아도 되는 높은 경지가 있다는 것을 알 수 있다. 이런 사랑이야말로 가장 수준 높은 사랑이 아닐까 생각한다.

그런데 현대사회는 환경이 많이 달라졌다. 요즘 자라는 어린이들은 내가 어릴 때와는 너무나 다른 환경에서 자라고 있다. 이런 새로운 환경에서 자라는 어린이들에게 신식 어머니들은 어떻게 하는 것이 바람직한 것이라고 단정하기는 쉽지가 않은 것 같다. 내 생각에는 요즘 어머니는 자라나는 아이에게 "사랑한다"는 말을 가능하면 많이 하는 것이 낫지 않을까 싶다. 물론 이 표현은 단순히 립 서비스 차원이 아니라 진정성이 담보되는 범위 안에서 해야 할 것이다.

"니 애비 닮지 말고!"

내가 대학교 2학년 때, 겨울 방학이었다. 시골집에서 저녁을 먹고 곧장 집을 나섰다. 그러자 등 뒤에서 어머니가 말했다.

"야야, 오늘 된데 그마 자지 말라고 이 밤에 나가노?"

"걱정 하지 마세요. 친구도 좀 만나고 야학교에도 좀 갔다 오겠습니다."

"니 방금 뭐라 켔노? 야학교?"

"예, 야학교입니다."

"영광에 있는 야학교 말가?"

"예, 그것입니다."

"거 머선 볼일이 있노?"

"야학을 하는 최 선배님을 좀 돕기로 했어요."

"야 이자슥아! 고마 때리 치아라. 야학한다는 그 최 선밴가 글마는 대학도 나왔다 카던데, 장가도 못가고, 돈 한푼 안 생기는 야학이나 하고 있으니, 온 동네 사람들이 다 손가락질 한다. 그런 사람하고 니는 어불리지 말라. 제발 좀 똑똑하고 배울 거 있는 실력 있는 사람하고 놀아라. 니 애비 닮지 말고!"

그때 어머니가 정작 내게 하고 싶은 말은 "니 애비 닮지 말고"이지 싶다. 이 말에는 어머니의 맺힌 사연이 있다.

아버지는 그동안 동네에서 자기보다 한 수 아래 사람들과 주로 놀았다. 술을 마셔도 손아래 것들이고 화투를 쳐도 손아래 것들이다. 손아래 것들이 아니면 남의 집 머슴살이하는 총각들, 남의 집 곁방에 빌 붙어 사는 사람들이었다.

그래서 어머니는 아버지가 그런 사람들과 어울려 노는 것에 대해서 매우 못마땅하게 생각하였고, 또 그것을 참 창피하게 생각했다. 그래서 처음에는 아버지에게 간하기도 했다.

"여보, 당신은 우째 그런 인간말짜들 하고 놀아요? 그 중에 사람 같은 거 하나 없던데……"

그러면 아버지는 대뜸 손으로 어머니를 칠 것처럼 하며 말했다.

"니 지금 머라캤노! 사람을 그래 채별 하면 못 쓰는 기라. 와, 그 사람들이 뭐가 어때서? 꼭 있는 늠덜만 사람인줄 아나? 있는 늠덜보다 그런 사람들이 백번 인간적이고, 좋은 기라."

"하이구, 두 번만 인간적이고 좋으면 아예 바보들만 골라서 놀아

보지요!"

여기서 어머니가 한마디만 더 하면 그때는 재떨이가 날아오던지, 밥상이 뒤집혀지곤 했다. 하도 이런 꼴을 많이 보아온 나로서는 어머니에게 제발 아버지 비위를 더 이상 건드리지 말라고 손짓과 눈짓을 보내면 어떨 때는 잠자코 있기도 하고, 어떤 날 심사가 이미 편치 않는 날은 도리어 큰소리로 한마디 더 하였다.

"니는 지금 뭐하고 있노. 날 보고 아무 말 말아고? 야, 웃기지 마라. 내가 뭐 틀린 말 했나!"

어머니가 이렇게 강하게 덤비는 날에는 아버지도 더 이상 진도를 내지 않았다.

오늘은 어머니가 잔소리 끝에 "니 애비 닮지 말고"라고 한 대목이 화근이었다. 그 말이 끝나자 밥상머리에서 마지막 술을 떠든 아버지가 숟가락을 상 위에다 힘껏 내동댕이치면서 한손으로 밥상을 엎어버리고 말았다.

"XX년이 머라카노!"

이왕 엎지른 물이 되고 말았다. 밥상이 뒤집어지면서 국그릇이 윗목에 있던 어머니의 무릎에 왕창 쏟아졌다. 그러자 어머니도 이판사판이라 생각한 모양이었다.

"뭐라캤소? 여자는 머 사람 아이오!"

그러자 아버지가 말했다.

"지년이 재수 없게 어디 사나아한테 대들고 지랄이야!"

어머니는 국그릇을 뒤집어 쓴 채로 자리에서 일어났다. 그리고는 치맛자락을 그 자리에서 탈탈 털었다. 그러자 치맛자락에 싸여 있던 국건더기가 여기저기로 흩어졌다. 그 중 한 가닥이 아버지 얼굴에 날아갔다. 그러자 아버지가 말했다.

"이년이 지금 미쳤나, 뭐하고 있노!"

그러자 어머니가 대답했다.

"그래, 나는 미쳤소. 미쳤다!"

나는 더 이상 그 자리에 있을 수가 없었다. 내가 있는 것이 어쩌면 두 분의 자존심 싸움을 강화시키는 결과가 될지 모른다는 생각이 들었다.

오늘따라 어머니는 아버지에게 사생결단을 한 사람처럼 덤비는 것이 이상하기는 했다.

그런데 이상하게도 어머니가 저렇게 사생결단을 낼 듯이 덤비면 아버지는 한풀 꺾이곤 했다. 그동안 내가 보아온 수없이 많은 싸움에서 어머니가 강하게 이판사판으로 나오는 날에는 싸움이 빨리 끝이 났다.

그러지 않고 미온적일 때는 깐죽깐죽하면서 술이 다 깰 때까지 아버지는 어머니를 못살게 했다. 이런 아버지의 나쁜 술버릇을 잘 아는 어머니는 평상시에는 잘 참다가도 한번 밸이 틀리면 완전히 안면 바꾸고 막가버렸다.

오늘은 무슨 까닭에선지 어머니가 강수를 두었다. 내 짐작으로는 오늘 싸움은 빨리 끝날 것 같았다. 그래서 차라리 다행이지 싶었다. 나는 살그머니 밖으로 나왔다.

어머니는 아버지에 대한 원한이 골수에 사무쳤지 싶다. 그래서 나에게 "니 애비 닮지 말고"란 말을 하는 것은 두 사람이 들으라고 하는 말이기도 했다. 한 사람은 아버지 들으라는 말이고 다른 한 사람은 나 들으라고 하는 말이다.

어머니가 "니 애비 닮지 말고"란 말을 한 것은 내가 초등학교에 다닐 때부터였다. 이 말은 크게 두 가지 상황이면 어김없는 단골메뉴가 되었다. 첫째는 아버지가 술을 마시고 들어와서 술주정을 할 경우이다. 이럴 때는 반드시 어머니는 단골메뉴를 내게 말했다.

"니 애비 닮지 말라!"

그런데 그 말을 할 때는 반드시 아버지도 옆에 있었다. 그리고 두 번째는 아버지가 자기보다 못난 사람들, 자기보다 어린 사람들 앞에서 잘난 체 할 경우 혹은 유식한 체 하는 경우이다. 이럴 때면 반드시 어머니는 단골메뉴를 깨냈다.

"니 애비 닮지 말라! 니는 니보다 못난 것들 하고 놀지 말고 니보다 잘난 것들하고 놀아라! 잔챙이들 모아놓고 대장 노릇하는 것은 못난 늠들이 하는 짓이다!"

이 말을 할 때는 주위에 다른 사람들이 있으면 내 귀에 대고 살짝 말을 하는 척했다. 그래서 다른 사람들이 이 광경을 보았으면 어머니가 나에게 무슨 말을 하는지 아무도 눈치를 챌 수 없었을 것이다. 그런데 아버지는 이런 광경을 보면 대번에 짐작을 하였을 것이라 생각한다.

나는 지금까지 살아오면서 "니 애비 닮지 말라"는 어머니의 주문에 크게 두 가지 면에서는 합격을 하였지 싶다. 그 하나는 술을 마시지 않는 것이다. 아버지의 술주정에 몸서리가 나서 술을 마시지 않을 것이라고 결심을 한 것은 초등학교 때부터이다. 이 결심을 나는 수없이 하고 자랐다. 그래서 나는 술을 마시지 않는 사람이 되었다.

다른 하나는 나보다 잔챙이들하고 놀지 않고, 나보다 잘난 사람하고 노는 것을 비교적 지켰다고 생각한다. 그래서 나는 부산에서 중학교 국어 선생을 할 때는 장기려 박사가 주관하는 부산모임에 매주 나가서 공부를 했고, 상경하여 서울 서라벌고등학교에서 교사를 할 때는 함석헌 선생님이 주관하는 명동모임에 매주 나가서 공부를 하였다. 그리고 서라벌고등학교를 그만 두고 공병우 박사 밑에 가서 이십 년 가까이를 공부하였다.

이처럼 나는 우리 어머니 말대로 하자면 항상 나보다 잘난 사람 나보다 더 덩치가 큰 사람을 따라 다니면서 열심히 공부를 하였기 때문에 나도 조금씩 성장할 수 있었다.

"물에 빠진 한 사람 구하는 것보다 물에 안 빠진 수많은 사람을 구해야지!"

나는 물에 빠진 사람을 건져 살린 적이 딱 한 번 있다. 고등학교 2학년 때였을 것이다. 그날은 일요일 오후였다.

나는 일주일 동안 먹을 쌀과 불 땔 숯 그리고 간장과 고추장 멸치 볶음과 김치 등을 싸서 어깨에 메고, 양손에 들고 신포 선창가로 갔다. 4마력짜리 통통배를 타고 을숙도를 돌아서 하단까지 가야 한다. 신포 선창가는 허술하기 짝이 없었다. 통통배를 타고 내릴 때 까딱 잘못하면 배와 선착 난간 사이에 빠지는 사고가 더러 일어나곤 했다. 마침 사람 눈에 띄면 구할 가능성이 많지만 간혹 사람 눈에 뜨이지 않으면 익사할 수밖에 없다.

그날 한 육십대 정도의 할아버지가 자칫 잘못하여 물에 빠지고 말았다. 간조 때라서 빠지는 물살이 세어서 할아버지가 허우적이면서 배의 난간을 잡으려고 애를 써도 조금씩 떠내려가기 시작했다.

사람들이 다들 보고 발을 동동 구르고 있었다. 그 순간 나는 '저 할아버지를 구해야 한다'는 생각을 했다. 그래서 아주 위험한 자세를 취하면서 한 손을 배의 난간을 잡고 한 손을 최대한 내밀어서 물에서 허우적거리는 할아버지를 잡으려고 애를 썼다. 그러나 손이 닿을 듯 닿을 듯 하면서 좀처럼 닿지를 않았다.

할 수 없이 나는 헤엄을 쳐서라도 할아버지를 구해야겠다고 생각했다. 잠시도 망설이지 않고 겉옷을 벗고 배에서 뛰어내렸다. 허우적이고 있는 할아버지의 손을 재빨리 잡았다. 천만 다행으로 할아버지도 뭘 좀 아는 분 같았다. 나를 꼭 껴안았다면 둘 다 물에 빠져 죽었을 것이다. 그런데 할아버지는 내가 헤엄을 칠 수 있게 꼭 껴안지는 않았다.

그럴 때 사람들이 더 많이 몰려왔다. 누군가 밧줄을 던졌다. 나는 할아버지가 밧줄을 쥐게 도와주었다. 그리고 한 손으로는 할아버지의 손을 잡고 헤엄을 쳐서 선창가로 나왔다. 만약 조금만 늦었더라면 할아버지를 구하지 못했을 것이다.

나는 이 야기기를 어머니에게 자랑하고 싶었지만 그럴 수가 없었다. 왜냐면 그런 무모한 짓을 왜 했느냐고 도리어 호되게 꾸짖을 것이 분명했기 때문이다.

그러구러 일 년쯤 지난 어느 날이었다. 우연히 무슨 말 끝에 그 이야기를 자랑스럽게 어머니에게 했다.

"저는 물에 빠진 사람을 한 명 구한 적이 있어요! 그러니 저는 이 세상에 나서 사람을 구했으니 참 가치 있는 일을 한 것이라 생각합니다. 사람의 목숨을 한 명 구했다니깐요!"

내 이야기를 다 듣고는 어머니는 참으로 뜻밖의 말을 했다.

"그래 좋은 일을 했구나! 그런데 니가 참 운이 좋구나! 운이 나빴으면 둘 다 떠내려갔을 것이다! 그때가 간조 때라니 물살이 아주 빨랐을 것이다!"

그리고 안도의 한숨을 쉬고는 어머니가 말했다.

"그런데 니는 지금 겨우 한사람 구한 것을 대단한 일이나 한 것처럼 자랑을 하는데, 니는 참 못난 놈이다. 젊은 때 열심히 공부하여 훌륭한 사람이 되어서 수많은 사람들을 구하는 가치 있는 일을 해야 할 것이 아닌가? 겨우 물에 빠진 한사람 구한 것을 대단한 일을 한 것으로 자랑을 해? 니는 참 못난 놈이다!"

잠시 뒤에 뜻밖의 이야기를 했다.

"니도 다섯 살 땐가 물에 빠진 것을 지나가던 스님이 구해주었다. 우리집 앞에 벌샘이라는 큰 공동우물이 있었는데 거기에 니가 빠졌다. 운이 좋게 지나가던 스님이 발견하고 니를 건져준 적이 있지."

내가 말했다.

"그게 정말이에요? 사실은 할머니가 그 말을 한 적이 있었는데 예사로 들었어요."

어머니가 말했다.

"정말이고 말고! 니는 참 운이 좋은 늠이야. 그때 지나가던 스님 눈에 발견되지 않았더라면 니는 그날 죽었을 것이다. 니가 지난해에 물에 빠진 한사람을 구했다면 이제 드디어 본전을 했구나!"

"1 대 1로 본전이군요!"

나는 머리를 긁적이며 말했다. 그러자 어머니가 한마디 덧붙였다.

"이제 겨우 본전을 했으니 앞으로 남은 일은 니가 열심히 공부하여 많은 사람들을 건지는 일이다!"

그 뒤에도 몇 번이나 어머니는 그 이야기를 꺼냈다. 내가 작은 일에 우쭐하면서 자랑을 하면 잊지 않고 그 이야기를 깨내면서 똑같은 말을 했다.

"겨우 한사람 구한 것을 대단한 일이나 한 것처럼 자랑을 하는데, 니는 참 못난 늠이다. 젊은 때 열심히 공부하여 훌륭한 사람이 되어서 수많은 사람들을 구하는 가치 있는 일을 해야 할 것이 아닌가? 겨우 물에 빠진 한 사람 구한 것을 대단한 일을 한 것으로 자랑을 해? 니는 참 못난 늠이다!"

내가 대학에 입학할 무렵에 우연한 기회에 나의 정신적 스승 함석헌 선생을 알았다. 책을 통해서 먼저 알았다. 선생님의 자서전 《죽을 때까지 이 걸음으로》를 읽고 감동하여 그 다음에 《뜻으로 본 한국역사》를 읽었다.

그 책을 읽으면서 나는 역사가 무엇인지를 알았고, 역사적 삶에 대해서도 알았다. 그때 나는 어릴 때 우리 어머니가 했던 말을 수 없이 되새겼다.

"겨우 한사람 구한 것을 대단한 일이나 한 것처럼 자랑을 하는데, 니는 참 못난 놈이다. 젊은 때 열심히 공부하여 훌륭한 사람이 되어서 수많은 사람들을 구하는 가치 있는 일을 해야 할 것이 아닌가? 겨우 물에 빠진 한 사람 구한 것을 대단한 일을 한 것으로 자랑을 해? 니는 참 못난 놈이다!"

나는 참으로 못난 놈이란 것을 확실히 알았고 그래서 이를 악물고 공부를 열심히 하여서 적어도 못난 놈에서 졸업을 하고 싶었다. 어머니 말대로 물에 빠진 한사람을 구하는 것이 아니라 여러 사람을 구하는 일은 못해도 물에 빠진 한사람을 구한 것을 자랑으로 여기는 못난 놈에서는 벗어나야 한다고 다짐을 했다.

나의 마지막 꿈은 이 땅에 나의 영적 스승인 라즈니쉬 대학을 설립하는 것이다. 왜냐면 라즈니쉬는 내가 육십 년 동안 공부를 하면서 만난 가장 높은 봉우리이기 때문이다.

라즈니쉬 대학 설립의 전초작업으로 송현 행복대학교를 만들어서 여러 가지 실험을 하려고 노력하고 있다. 서울 장안평에 있는 내 연구실 아래층 회의실에서 뜻이 맞는 도반들이 모여서 의논도 하고 경전 공부도 하고 라즈니쉬 공부도 한다.

이러는 가운데 나를 따르고 존경한다는 제자가 나타났다. 충북 제천에서 활기원을 운영하는 장석환 선생이다. 이분은 제천에 송현 행복대학교 수련원 간판을 달기까지 했다. 이런 작은 실험들을 바탕으로 이 땅에 라즈니쉬 대학을 세워놓고 죽는 것이 내 마지막 꿈이기도 하다.

"산목숨
함부로 죽이지 마라!"

나는 유년을 자연에서 보냈다. 김해평야의 끝자락, 즉 낙동강이 끝나는 곳이다. 퇴적평야라서 땅이 아주 기름지고 비옥하다. 나는 이날까지 내 고향의 흙보다 더 좋은 흙을 보지 못했다.

엘렌 G 화잇은 이런 말을 했다.

"역사를 빛낸 많은 사람들은 유년을 자연에서 보냈던 이들이다. 그들은 자연이라는 가장 위대한 교과서를 온몸으로 공부한 사람들이다."

참으로 멋진 말이다. 너무나 대단한 말이다. 나는 젊은 날에 엘렌 G 화잇에 심취하였다. 그녀가 쓴 책을 모조리 구해서 밤을 새워가면서 정독했다. 그의 책 속에는 수많은 다이아몬드가 있었는데 내가 발견한 최상의 다이아몬드는 위에 인용한 말이다.

그래서 나는 이 말을 젊은 날에 아주 좋아했을 뿐 아니라 내가 유년을 농촌의 자연에서 보낸 것에 대단한 긍지를 느끼며 살았다.

초등학교 문 앞에도 못 가본 우리 어머니는 불교가 무엇인지도 잘 몰랐지 싶다. 그런데도 절에 다녔다. 자주는 못 가도 내가 기억하기로 초파일이나 무슨 날이면 목욕단장을 하고, 동백기름을 바르고, 미리 씻어둔 하얀 고무신을 신고, 공양미 한 자루를 이고, 경건한 마음으로 불공을 드리러 절에 갔다.

그래 그런지 내가 개구리라도 잡아오는 날이면 당장 벼락이 떨어졌다.

"야, 이놈아! 산목숨을 함부로 죽이면 되나? 당장 살려줘라!"

그때 어머니의 노하는 태도를 봐서 내가 만약 어머니 말에 토를 달거나 거역했다면 아마 회초리나 부지깽이나 눈에 띄고 손에 잡히는 대로 잡고 당장이라도 한 대 때릴 듯이 하면서 이렇게 말했을 것이다.

"니놈이 이 에미 말귀를 못 알아듣는 것을 보니, 그동안 학교 다닌 게 아무 소용이 없구나. 내일부터 학교 당장 때려치우고 나하고 밭에 나가서 종일 일이나 하자!"

나는 낮이면 동네 아이들과 들판을 누비면서 개구리도 잡고 메뚜기도 잡고, 여치도 잡고 별별 곤충들을 다 잡으면서 재미있게 놀았다. 다른 아이들보다 한마리라도 더 많이 잡으려고 기를 썼다.

그런데 해가 질 녘이면 내 태도가 완전히 돌변했다. 한 마리 한 마리 잡을 때는 죽을 둥 살 둥 모르고 부지런히 잡았는데, 저녁에 집에 갈 때는 그것들을 한 마리도 가지고 갈 수가 없었기 때문이다. 보나마나 어머니는 이렇게 말했을 것이다.

"야, 이 미친 늠아! 산목숨을 함부로 죽이면 되나? 당장 살려줘라!"

그 말 다음에 나올 말도 항상 같았다.

"이 에미 말귀를 못 알아듣는 것을 보니, 그동안 학교 다닌 게 아무 소용이 없구나. 내일부터 학교 당장 때려치우고 나하고 밭에 나가서 종일 일이나 하자!"

교육은 끊임없는 반복학습이 중요하다고 했다. 그 말이 맞는 말이지 싶다. 산목숨 함부로 죽이지 말라는 어머니의 교훈은 내가 명지 초등학교를 졸업할 때까지 한 박자도 늦추지 않고 계속되고 반복되었다.

그래 그런지 나는 학년이 하나하나 높아질수록 개구리나 곤충 따위를 함부로 잡지도 않았고, 함부로 죽이지도 않았다.

내가 사십대 중반일 때 불교방송국이 개국했다. 그 무렵에 장상문 회장의 제안을 받았다. 롯데 호텔에서 만났다. 그가 참으로 뜻밖의 제안을 하였다.

"송현 선생에게 한 가지 중요한 제안을 하고자 합니다. 잘 알겠지만 개신교에도 어린이 잡지가 있고 가톨릭에도 어린이 잡지가 있습니다. 그런데 불교계에는 어린이 잡지가 없습니다. 그래서 오래 전부터 어린이 잡지를 만들려고 하였는데 그 일을 맡길만한 사람이 없어서 차일피일해 왔습니다. 그런데 그 일을 송현 선생께서 좀 맡아주면 좋겠습니다."

참으로 뜻밖의 제안이었다. 그러나 나는 그 일에 대해서 한 번도 생각해본 적이 없었고, 또 불교에 대해서도 아는 것이 없었기 때문에 내가 적임자가 아니라고 생각했다.

"제안은 고맙습니다만 저는 그 일에 적임자가 아닙니다. 왜냐면 저는 함석헌 선생을 존경하고 선생님의 성경모임에서 성경을 공부한 사람입니다. 물론 함 선생님께서 무교회주의자이기 때문에 교회에 나가지는 않지만, 그래서 저도 그 영향을 받아서 교회에 나가지는 않지만 상당히 기독교적인 색채가 묻어있습니다. 그래서 저는 그 일에 적임자가 아니라 생각합니다!"

장상문 회장이 말했다.

"송현 선생이 함석헌 선생의 제자라는 것은 알고 있습니다. 물론 송 선생 말대로 불교계에서 그 일을 맡길 적임자를 찾으면 좋겠지만 그럴 인물을 발견하지 못하고 시일만 허송하였기 때문에 이방인 중에서라도 어린이 잡지를 창간할 수 있는 분을 초빙할 수밖에 없는 사정이라고 판단하고 할 수 없이 차선책으로 송현 선생에게 이 일을 부탁하려는 것입니다."

마침내 나는 불교 어린이 잡지 창간 작업을 맡기로 하였다. 그러고 나니 내가 불교 공부를 제대로 하지 않을 수가 없었다. 그래서 대원 불교대학에 입학을 하였다.

사실 그동안 오랜 기간 함석헌 선생님께 성경공부를 하였는데, 이제 난데없이 불교공부를 시작한 것이다. 불교와 붓다에 대해서 공부를 열심히 하였다. 그러다 보니 내가 어릴 때 어머니가 내게 강조하던 말이 자주 생각났다.

"야, 이 미친 놈아! 산목숨을 함부로 죽이면 되나? 당장 살려줘라!"

오십대 초반에 내가 모 인터넷 신문사에 주필로 출근을 하였다. 그 신문사가 서대문에 있었다. 신문사 앞에 공원이 있었다. 그 공원에는 노숙자들이 많았고, 길양이들도 함께 살았다. 노숙자 아저씨가 키우는 길양이가 불쌍해서 나도 개에게 여러 가지 먹을 것을 챙겨 주었다.

한 육 개월을 하루도 빠지지 않고 챙겨 주었더니 길양이가 나를 알아보게 되었다. 안 본 사람은 좀처럼 믿기 어렵겠지만, 내가 공원 잔디밭에 신문지를 깔고 누워서 낮잠을 자면 길양이 두 마리가 내 배 위에 와서 그들도 함께 자곤 했다. 그만큼 나는 길양이를 좋아하고 사랑했다. 이 이야기를 바탕으로 나는《어린 왕자》나《갈매기의 꿈》에 도전하는 멋진 우화를 쓸 참이다. 나는 9년째 그 원고를 다듬고 있다.

신문사를 떠나게 되었다. 우연히 도심에 있는 조계사 경내의 분위기가 좋아서 이따금 경내 벤치에 앉아서 쉬곤 했다. 그러다가 우연히 왼쪽 다리병신 비둘기 한 마리를 발견했다. 나는 그 비둘기 이름을 왼다비라고 지었다. 성한 놈 틈에서 함께 살아간다는 것이 너무 힘겨울 것 같아서 불쌍한 생각이 들어 얼른 공양미 한 봉지를 사와서 걔에게 뿌려주었다.

남은 공양미를 짬짬이 와서 뿌려주었다. 나중에는 우리집 쌀독에 있는 쌀을 봉지에 담아가서 주곤 했다. 그러기를 일 년 반을 하다 보니 왼다비가 나를 알아보았다. 이것도 믿기지 않을는지 모르지만 대웅전 지붕 위나 탑 위에 앉아 있다가 내가 나타나면 왼다비가 내 앞에 사뿐히 와서 앉곤 했다.

이런 광경을 여러 사람이 목격하였다. 내가 왼다비를 일 년 반 동안이나 사랑하니까 걔도 나를 알아 본 것이다. 한 이 년여를 나랑 같이 서로 좋아하다가 왼다비는 다음 해에 죽었다. 그래서 나는 조계사에 갈 일이 없어져서 이제는 거의 가지 않는다.

그 뒤 나는 다시는 동물에게 사랑을 보내지 말아야지 했다. 너무나 허전하고 너무 오래 마음에 남아있는 아픔 때문에 다시는 길양이나 비둘기나 강아지를 사랑하지 않기로 단단히 작심을 했다.

그런데 지난해부터 우연히 길양이에게 물을 주자는 운동을 제

창한 뒤로 길양이 물그릇을 매일 챙기다 보니 우리 동네 길양이 한 마리가 나를 유심히 보고는 내 연구실 입구까지 따라온 것이다.

그놈은 코에 점이 있다. 그래서 이름을 점식이라고 지었다. 점식이는 매일 밤 아홉시 반에서 열시 사이면 내 연구실에 온다. 여름에 연구실 문을 활짝 열어 놓을 때는 한 시간 정도 문 앞에서 내가 공부하는 것을 먼눈으로 구경하고 있다가 가기도 한다.

이렇게 내가 반려동물을 사랑하는 것은 다 어릴 때 우리 어머니가 내게 산목숨 함부로 죽이지 말고 사랑하라고 가르친 것과 무관하지 않다고 생각한다.

"말 잘하면 약장수, 듣는 것을 잘해야 한다."

내가 부산에서 고등학교를 다닐 때, 어느 날 어머니가 긴히 해줄 말이 있다면서 참으로 뜻밖의 말을 했다.

"니가 어릴 때 어쩌다 영화를 보고 와서 변사 흉내 내는 것을 보나, 이것저것 남에게 이야기 하는 것을 보면 말을 제법 잘하는 것 같다. 그런데 말을 잘하는 것보다도 말을 잘 듣는 것이 더 중요하다. 말 잘해야 기껏 약장수밖에 할 것이 없다. 아니면 말 잘하면 변호사란 말이 있는데, 이 말도 말을 잘하는 것이 그리 자랑이 아니란 뜻이다. 그러니 니는 말을 잘하려고 노력하지 말고 말을 잘 들으려고 노력해라!"

그 뒤로도 어머니는 기회 있을 때마다 정색을 하고 이 말을 나에게 여러 번 되풀이해서 말했다. 그런데 이 말은 내가 나이가 들어

갈수록 더 의미심장한 말로 나를 압도했다.

나는 이 말을 마음속에 늘 깊게 새기고 살았다. 1974년 상경하여 미아리에 있던 서라벌고등학교로 자리를 옮겼다. 매주 일요일이면 명동 카톨릭여학생관에 함석헌 선생님이 강의하는 성경모임에 나갔다. 명동성당 내 카톨릭여학생관의 어느 방 하나를 빌려서 거기에서 성경 공부모임을 하였다.

성경 공부모임 첫 날이었다. 스무나므 명이 참석했다. 금세 자리가 꽉 찼다. 함석헌 선생님은 항상 그러셨듯이 하얀 한복 두루마기를 입고 오셨다. 선생님께서 자리에 앉으시자 다음과 같이 말씀하셨다.

"오늘은 첫날이니, 각각 돌아가면서 자기소개를 간단히 하는 것이 어떻겠습니까? 앞으로 매주 공부를 같이 할 분들이니 귀한 인연이 되기 바랍니다. 자, 그러면 앉은 순서대로 각자들 자기소개를 하셔요!"

선생님 오른쪽으로 앉은 순서대로 한 사람 한 사람 일어나서 자기소개를 하였다. 나는 한 사람 한 사람 소개하는 것을 들으면서 내 귀를 의심하였다. 외모나 차림새를 보면 다들 아주 평범한 분들 같았지만 눈빛은 살아있는 것을 알 수 있었다.

그런데 그들 모두가 대단한 선수였다. 그들의 학력은 화려했고 경력 또한 화려했다. 미국 무슨 대학을 졸업했고, 미국에서 대학교수를 하였다고 했다. 네덜란드 유학을 다녀왔다고 했다. 영국에서 공부를 했다고 했다. 인도에서 공부를 했다고 했다. 박사 학위는 기본이었다.

나는 기가 팍 죽고 말았다. 내 생애에 그처럼 기가 죽어본 적은 처음이었다. 나는 자랑할 것이 아무 것도 없었다. 일류 대학도 나오지 못했고, 학위도 없고, 대학교수도 아니었다. 겨우 고등학교 국어 선생이었다. 이런 빈약한 경력으로 그들과 맞장을 뜬다는 것은 애당초 무리였고, 그들과 동격으로 앉아서 함께 공부한다는 것도 아무래도 무리라고 생각되었다.

내 생각이 여기에 미치자 다른 남은 몇 사람이 자기 소개하는 것이 내 귀에 들어오지 않았다. 심지어 계속해서 이 모임에 와야 할까를 고민하였다. 내가 가지고 있는 열등감 중에서 가장 큰 열등감이 일류대학을 나오지 못한 것이었는데, 그 열등감이 극명하게 도드라지는 자리였다.

나는 절망하지 않을 수 없었다. 이제 내가 할 수 있는 것은 이 자리에서 탈출 하는 것만이 유일한 길이라 생각되었다. 그러나 그 자리를 박차고 나오는 것은 말이 되지 않는 짓이다. 내가 존경하는 나의 정신적 스승 앞에서 그런 무례한 짓을 한다는 것은 사실 상상할 수도 없는 노릇이었다. 그렇다면 어떻게 해야 한단 말인가?

그렇게 망설이고 있는 사이에 내 차례가 되었다. 엉겁결에 자리에서 벌떡 일어나서 천천히 말했다.

"제 이름은 송 현입니다. 부산 사람입니다. 부산의 동아대학교 국문과를 졸업한 문학청년입니다. 부산의 사립중학교에서 국어 선생을 하다가 한국문단에 정식으로 등단하지 않으면 문학적 활동을 제대로 할 수 없을 것 같은 강박관념에 시달리던 차에 상경하였고, 마침내 이번 학기부터 서울 서라벌고등학교로 자리를 옮기게 되었습니다.

물론 부산에 있을 때는 한 달에 한 번 장기려 박사님 댁에서 하던 성경모임의 일원으로 참석하였습니다. 그런데 이제는 서울로 자리를 옮겼으니 한 달에 세 번은 이 모임에 나와서 선생님을 뵙고 선생님께 성경 공부를 할 수 있게 되어 참 기쁩니다. 열심히 공부할 참입니다. 여러분과 귀한 인연으로 성장 발전하기를 빕니다. 감사합니다."

막상 내 소개는 하였지만, 자리에 앉는 순간 아까 고민했던 문제가 내 마음을 짓눌렀다. 이렇게 경력이 화려한 사람들과 함께 앞으로 공부를 한다는 것이 아무래도 내게는 자존심 상하는 일이 아닐 수 없었다. 무슨 수로 상한 자존심을 억누르며 공부를 계속할 수 있을지 참 난감하였다. 그렇다고 이제 와서 무슨 뾰족한 대책이 있는 것도 아니다. 나의 초라한 경력을 갑자기 부풀릴 수도 없고, 화려하게 포장할 수도 없는 일이다.

그렇다면 방법은 하나 밖에 없다. 그것은 지금까지의 경력은 별 볼 일 없지만 앞으로 경력을 멋지게 쌓아가는 것이다. 이것이 내가 지금 할 수 있는 유일한 방법이고 유일한 길이 아닐 수 없다.

그렇다. 나는 과거의 경력은 초라하고 빈약하지만 앞으로 열심히 하여서 저 사람들에게 뒤지지 않는 멋진 경력을 쌓으면 되는 것이다. 이렇게 생각하는 것이 나를 위로하고 나에게 새로운 희망을 불어넣어 주는 작은 단초가 되었다.

그렇다면 앞으로 어떻게 공부를 하고 어떻게 치열하게 살아야 하는가, 그것이 문제이다. 그런데 열심히 공부하여 그들과 한번 겨루어 보는 것은 좋은 일이다. 그렇지만 나는 적어도 겨룰 때 겨루더라고 한 가지는 확실하게 그들을 이기는 것이 있으면 좋을 것 같았다.

그것이 무엇일까? 무엇으로 내가 저 화려한 경력의 잘난 사람들을 이기고 들어갈까? 독서량? 글쎄, 나보다 더 독서를 많이 하는 사람이 충분히 있을 수 있다. 그리고 이것은 당장에 가릴 방법이 없다. 내 눈으로 내가 앞선다는 것을 확인할 방법이 없다.

그렇다면 강의하는 방법? 이것도 우열을 확실하게 가린다는 것이 불가능한 일이다. 나보다 강의를 잘하는 사람이 얼마든지 있을 수 있다. 영어회화? 이것은 나는 젬병이다. 단 한마디도 외국인과 대화할 수가 없다. 그렇다면 무엇으로 저 사람들을 당장 이길 수 있을까? 무엇을 저 사람들보다 내가 더 잘할 수 있을까? 그 순간 번개처럼 내 머리를 스치는 것이 있었다. 어머니가 했던 말이다.

"니가 어릴 때 어쩌다 영화를 보고 와서 변사 흉내 내는 것을 보나, 이것저

것 남에게 이야기 하는 것을 보면 말을 제법 잘하는 것 같다. 그런데 말을 잘하는 것보다 말을 잘 듣는 것이 더 중요하다. 말 잘해야 기껏 약장수 밖에 할 것이 없다. 아니면 말 잘하면 변호사란 말이 있는데, 이 말도 말을 잘하는 것이 그리 자랑이 아니란 뜻이다. 그러니 니는 말을 잘하려고 노력하지 말고 말을 잘 들으려고 노력해라!"

이것이다! 듣는 것이다. 그러자면 무엇보다 나의 자세가 중요하다. 그래! 내가 선생님의 말을 제일 잘 듣기 위해서 듣는 자세로 일등이 되는 것이다. 이것이다! 선생님의 강의시간에 선생님의 강의 듣는 자세를 내가 일등을 하는 것이다. 이것이라면 한번 해볼 만하다. 그리고 이것이라면 내 눈으로 당장 결과를 알 수 있다.

물론 다른 사람이 보아도 쉽게 판가름을 할 수 있는 단순한 일이다. 선생님의 강의를 듣는 수업 태도로 내가 일등을 하겠다는 것이다. 이것이야 말로 나 같은 사람에게 아주 적당하고 도전해볼 만한 일이 아닐 수 없다.

듣는 자세! 이것은 배우는 사람에게 대단히 중요한 조건임을 나는 이미 잘 알고 있었다. 그런데 서울모임 첫날에 나는 중요한 생각을 한 것이다. 얼핏 보면 아주 별것 아니고 어쭙잖은 일이지만 사실을 알고 보면 그것 또한 만만치 않다는 것을 나는 이미 알고 있었다.

그렇다. 이제 결론이 났다. 내가 서울모임에서 선생님의 강의를 듣는 태도가 일등이 되는 것이다. 이것이 내가 당장 도전해야 할

목표인 것이다. 나는 참 운이 좋다고 생각했다. 어떻게 이런 생각을 할 수 있었는지, 생각하면 할수록 내 자신이 대견스러웠다.

그렇다! 당장 실시한다! 나는 엉덩이를 들고 잠시 일어났다가 의자에 다시 앉았다. 최대한 엉덩이를 의자 깊숙이 밀어 넣고 허리가 똑바로 펴지게 하면서 어깨를 펴고 앉았다. 물론 턱을 앞으로 당겼다. 그러고 나니 마치 독일 병정이나 일본 군인 같았다.

그리고 나는 두 주먹을 불끈 쥐었다. 선생님을 쳐다보았다. 태산처럼 선생님이 나를 압도해왔다. 나는 내 앞으로 다가오는 태산을 온몸으로 받을 만반의 준비를 다한 것 같았다.

그렇다. 나는 지금 이 순간 적어도 선생님의 말씀을 듣는 태도만큼은 이 자리에서 최고가 분명하다! 나는 저들을 당장 이 한가지로 제압한 것이다! 그 순간 나는 참 기쁘고 행복했다. 내가 저들을 적어도 듣는 태도 면에서는 지금 당장 이긴 것이다!

내가 이날 것 살아오면서 말을 잘 하는 것보다 말을 잘 듣는 것이 더 중요하다는 것을 알았다. 그래서 나는 경청의 달인이 되려고 노력을 했다.

그런데 많은 사람들이 어리석게도 경청이 얼마나 중요한 것인지를 모르고 이를 과소평가 하는 것 같다. 그래서 말을 잘하는 데만 관심이 많다. 그런데 경청만 잘하면 말을 잘하는 것은 누워서 떡먹기나 다름없다. 경청은 귀로 듣는 것이 아니라 가슴으로 듣는 것이다. 히어링이 아니고 리스닝이다. 그러니 스피치의 달인이 되지 말고 경청의 달인이 되어야 한다.

내가 사십대 후반 무렵엔가 서울여대 M교수의 집들이에 초대를 받아 간 적이 있다. 그 자리에는 방송인 아무개, 언론인 아무개, 작가 아무개, 화가 아무개, 유명 병원장 아무개, 정치인 아무개 등 그 무렵 제법 잘 나가는 사람들이 모였다. 댄스파티라도 할 수 있을 만치 넓은 거실에 잘 차려진 술상을 마주하고 앉아서 한참 재미있게 마시면서 이야기꽃을 피우고 있었다. 한 시간 쯤 지났을 때 집주인인 M교수가 뜻밖의 말을 했다.

"제가 보니까 송현 선생님은 지금까지 말을 한 마디도 하지 않았습니다! 재미있는 이야기 좀 하셔요. 송 선생님!"

그러자 내 앞에 있던 유명 방송인 아무개가 말했다.

"송현 선생님은 돈 받고 말하는 것이 몸에 배서 돈 안 주면 말을 하지 않아요!"

그러자 장내에 폭소가 터졌다. 사실은 유명 방송인이 한 말이 전적으로 정확한 지적은 아니었다. 그때 내가 말을 한 마디도 하지 않은 것은 대화에 불참한 것이 아니라 경청을 하고 있었던 것이다. 그런데 집 주인 M교수는 내 의도를 제대로 읽지 못한 것이다. 물론 나와 마주앉아 있던 유명 방송인도 나의 의도를 제대로 읽지 못한 것이다.

나는 요즘도 어디를 가나 말을 잘 하지 않는다. 나에게 한마디

하라고 마이크를 주면 그제야 기다렸다는 듯이 말을 하지만 그러지 않을 경우에는 좀처럼 말을 하지 않는다. 그것은 내게 돈을 주지 않아서 말을 하지 않는 것이 아니라 경청을 하려는 내 굳은 원칙 때문인 경우가 대부분이다.

최근에 무슨 모임에 초대를 받아갔을 때이다. 여섯 명이 모인 자리였다. 거기에도 다 내로라하는 사람들이 모인 자리였다. 그런데 맛있는 안주와 고급술을 마시며 하는 이야기가 영 아니었다. 다시 말하면 내 귀에는 거의 다 수다 수준의 이야기였다. 나는 비싼 술과 고급 안주를 먹으면서 겨우 수다 수준의 이야기를 나누는 것에는 아주 못마땅한 생각을 한다.

그 자리 뿐 아니라 이 땅에서 이루어지는 대부분의 모임이 거의 비슷하다고 생각한다. 신문에 난 이야기, TV에 난 이야기 아니면 정치 이야기, 아니면 스포츠 이야기로 꽃을 피운다. 전부 남의 이야기이고 전부 책에 있는 이야기거나 신문이나 방송에 난 이야기들이다.

거기다가 대부분의 사람들이 남의 이야기를 경청할 줄을 모르는 것 같다. 대부분이 자기가 이야기 하는데 정신이 팔려 있을 뿐, 남이 하는 이야기를 귀담아 들으려 하는 사람을 나는 그동안 별로 본 적이 없다. 오히려 남이 하는 이야기가 끝나면 잽싸게 끼어들어 와서 자기가 이야기를 하려고 대기하고 있는 사람들이 많았다.

"야, 이늠아! 날 샌지가 언젠데, 니만 자빠져 자고 있노!"

요즘 말로 하면 나는 아침형 인간이 아닌가 보다. 그래서 그런지 어릴 때 아침에 일찍 일어나본 적이 별로 없다. 그 대신 밤에는 늦게까지 책을 보거나 호작질을 하고 놀았다. 언젠가는 밤이 깊은 줄도 모르고 이런저런 호작질을 하며 노니까 할머니가 내게 말했다.

"야, 이늠의 자슥아, 호작질 고만하고 자거라! 석유 아깝다!"

기름 값 걱정을 하던 1950년대의 궁핍하던 시절의 이야기이다.

어머니와 아버지는 새벽에 일어나서 논밭으로 일을 하러 나간다. 나는 잠에 골아 떨어져 그런 줄 모르고 잠을 잔다. 해가 뜨고 아침이 될 때까지 밭일을 하고 집에 돌아온 어머니는 내가 아직까지 자고 있는 것을 보고 고함을 쳤다.

"야, 이늠아! 날 샌지가 언젠데, 니만 자빠져 자고 있노!"

나는 아침잠이 많아서 이런 잔소리를 수도 없이 듣고 자랐다.

일흔이 넘은 노인이 있었다. 평소처럼 노인은 아침에 일찍 일어나서 산책을 하러 나갔다. 자기 밭이나 논을 한 바퀴 돌아보는 것이 주된 코스였다. 간밤에 물꼬가 터지지는 않았는지, 짐승이 와서 밭을 밟지는 않았는지, 싹이 났는지 따위를 살펴 볼 겸 한 바퀴 도는 것이 아침 일과처럼 되었다.

그런데 산자락 아래를 지날 때 어떤 오두막집 안에서 마당을 쓸던 여자가 안방을 쳐다보면서 고래고래 소리를 지르고 있었다. 이 여자를 편의상 욕쟁이 아줌마라고 명명하겠다. 그녀는 늦잠 자는 아들에게 빨리 일어나라고 소리치고 있던 중이었다.

"이놈아 일어나라. 해가 중천에 떴다!"

할아버지가 그 말을 들었다. 그것은 금강경에 나오는 말도 아니고 칸트가 한 말도 아니다. 단지 욕쟁이 아줌마가 늦잠을 자는 자기 아들을 깨우는 소리일 뿐이다.

할아버지는 그 소리를 귀담아 들었다. 이 말이 할아버지의 가슴에 비수처럼 꽂혔다.

그런데 이 말은 어릴 때 우리 어머니에게 수없이 들었던 말이다. 우리 어머니는 경상도 말로 했다.

"야 이늠아, 날이 새었다. 니만 자빠져 자고 있다. 다른 사람들은 다 일어났다."

이 말에는 몇 가지 의미가 담겨 있다.

"일어나라"

"날이 새었다"

"해가 중천에 떴다"

"너만 자고 있다"

할아버지는 이 말이 자기한테 하는 말로 들렸다. 이 말이 할아버지의 가슴에 비수처럼 꽂히고 말았다. 할아버지는 그 순간 전적으로 받아들이는 자세가 되었던 게 틀림없었다. 이른 아침 해가 떠오르고 새들이 노래하고 바람이 상쾌했다.

한편 할아버지 집에서는 아침상을 준비해놓고 할아버지를 기다리고 있었다. 그런데 할아버지가 한참이 지나도록 오지 않자 가족들은 염려가 되기 시작했다. 마침내 아침상을 그대로 둔 채로 밖으로 할아버지를 찾으러 나섰다.

'혹시 논두렁에서 발을 다친 것은 아닐까? 아니면 누구와 물꼬로 시비를 하는 것은 아닐까? 아니면 다른 무슨 사고가 난 것은 아닐까?'

마을을 샅샅이 뒤져도 할아버지는 보이지 않았다. 그래서 걱정을 하던 차에 저쪽 산자락에서 지개를 진 아저씨가 내려오는 것을 보았다. 그에게 달려가서 물었다.

"아저씨, 혹시 이러이러한 차림의 할아버지를 못 보았습니까?"

아저씨가 말했다.

"글쎄요. 댁에서 찾은 그 할아버지인지는 모르겠소만 아까 어떤 노인을 보긴 했소."

"어디에서 보았나요?"

"저 산 위 암자 쪽에서 보았소."

가족들은 부랴부랴 암자로 달려갔다. 암자에 가니 법당에 할아버지가 가부좌를 틀고 앉아 있었다. 가족들은 어안이 벙벙하여 말했다.

"할아버지, 여기서 무얼 하고 계십니까?"

할아버지가 말했다.

"이젠 날이 새었다. 그리고 해가 중천에 떴다. 나는 충분히 잤다. 날 혼자 있게 내버려 둬라. 나는 잠에서 깨어나야 한다. 죽음이 다가오고 있다. 그 전에 나는 잠에서 깨어나야 한다."

그 뒤 할아버지는 도를 깨우쳤다. 그런데 할아버지가 도를 깨우친데 결정적 역할을 한 사람이 누구일까? 바로 욕쟁이 아줌마이다. 그러니 할아버지의 스승은 바로 욕쟁이 아줌마가 아닐 수 없다.

할아버지는 그 뒤부터 그 여자 오두막 앞을 지날 때마다 그녀를 한 번도 본적도 없으면서 문으로 다가가 합장을 하고 절을 했다. 그 집은 그의 사원이었고, 그 여자는 그의 스승이었다.

그 할아버지에게는 욕쟁이 아줌마가 스승이었다. 이런 의미에서 나에게는 우리 어머니가 최초의 스승이 아닐 수 없다.

"야, 이놈아! 날 샌지가 언젠데, 니만 자빠져 자고 있노!"

어릴 때 수없이 들었던 이 말 속에 그렇게 깊은 의미가 들어있는 줄을 그때는 몰랐다. 그러나 이날까지 내 딴에는 치열하게 공부하고 '지여처다*' 정신으로 온몸으로 살아오면서 비로소 이 말의 깊은 의미를 제대로 이해할 수 있게 되었다.

나는 사실 그동안 날이 샌 줄도 모르고 오랜 동안 깊은 잠을 자고 살았다. 그런데 운이 좋아서 훌륭한 몇 분의 스승을 만남으로써 깊은 잠에서 서서히 깨어날 수가 있었다. 어릴 때 우리 어머니가 일깨워준 육체적 늦잠에서부터 나의 스승들이 일깨워준 정신적 늦잠까지 깨어날 수 있었던 것에 감사한다.

그런데 우리 주위에는 아직도 정신적 늦잠에서 깨어나지 못하는 사람들이 적지 않은 듯하다. 그런 사람들에게는 위의 이야기 속 욕쟁이 아줌마의 말이 아직도 유효하지 싶다.

"이놈아 일어나라. 해가 중천에 떴다!"

*지여처다 지금 여기에서 처음 만난 것처럼 다시는 못 만날 것처럼.

"책은 소중한 것이다. 절대로 책장을 접지 마라!"

내가 부산 명지초등학교에 입학하기 전에 나는 글자를 대충 알았다. 떠듬떠듬 동화책을 읽었다. 그때 나는 책을 읽다가 읽기가 싫으면 지금까지 읽었던 자리를 표시하려고 책장의 귀퉁이를 접곤 했다. 이것은 남들도 다 하는 일이었다. 그래서 나는 큰누나나 작은누나가 하는 것을 울 너머로 보고 배운 것이다.

그런데 우리 어머니는 이를 절대로 허용하지 않았다. 내가 책장을 접는 것을 보면 즉각 불호령이 떨어졌다.

"이놈아, 책장을 와아 접노? 책은 소중한 것이다. 그러니 절대로 책장을 접지 마라!"

반드시 책장 속에 다른 갈피를 꽂게 하였다. 적당한 갈피가 없으면 어머니는 갈댓잎을 말려서 갈피를 만들어주기도 했다. 우리 동네 앞에 있는 웅덩이에는 갈대가 많았다. 어머니는 잘 자란 갈댓잎을 꺾어 와서 적당한 크기로 잘라서 말렸다.

파란 갈대 잎이 마르면 파란 색은 줄어들고 제법 노릇노릇 해진다. 이런 갈대 갈피를 어떤 날은 다섯 개를 줄때도 있고, 어떤 날은 여나므 개를 줄때도 있었다. 나는 이 갈피가 흔해빠진 갈댓잎으로 만들었다는 것을 알았기 때문에 별로 귀히 여기지 않았다.

어느 날 이 갈대 갈피를 접어서 장난을 쳤다. 이것이 어머니에게 발각되었다. 그 순간 어머니는 사정없이 내 등짝을 후려치면서 고함을 쳤다.

"이늠의 자슥! 책갈피를 귀한 줄 모르고 장난을 해? 이늠의 자슥 혼 좀 나봐라!"

어머니는 화가 풀리지 않은 듯 헛간으로 가서 회초리를 들고 나왔다. 아까 등짝을 맞을 때만 해도 참을 만했다. 그런데 이제 상황이 아주 달라졌다. 헛간에서 회초리를 만들어 들고 나타났다. 저 회초리로 사정없이 내 종아리를 칠 것이 분명하다.

나는 그 자리에 꿇어앉아서 두 손으로 싹싹 빌었다.

"엄마, 다시는 갈피로 장난치지 않을게요. 잘못했어요. 엄마!"

엉엉 소리 내 울면서 싹싹 빌었다. 그러자 어머니는 내 비는 모습에서 진정성이 느껴졌는지 한 옥타브 낮추어서 말했다.

"앞으로 한번만 더 책갈피를 귀한 줄 모르고 함부로 사용하면 그때는 죽는 줄 알아라!"

내가 다시 싹싹 빌면서 말했다.

"엄마, 책갈피를 절대로 함부로 하지 않겠습니다."

책갈피뿐이 아니었다. 책장을 접는 것도 어머니는 단 한 번도 용납하지 않았다.

"이놈아, 와아 책장을 접노? 책은 소중한 것이야. 소중한 책을 절대로 접지 마라!"

책장을 접는 것과 책갈피를 함부로 하는 것은 동격의 잘못으로 간주했다. 내 생각에는 도저히 이해가 되지 않았다. 책갈피야 흔해 빠진 갈댓잎 몇 개면 만들 수 있고, 책장을 접는 것이야 읽은 곳을 표시하기 위한 것이니 동기도 불순하지 않고 책에 그리 큰 상처를 내는 것도 아니라고 생각했다.

그래서 책장을 접어서 회초리를 맞을 때나 책갈피를 함부로 하다 회초리를 맞을 때는 좀 납득하기 어려웠다.

어머니는 그럴 때마다 말했다.

"사람이 책을 귀하게 생각해야 한다. 책은 니 스승이 될 수 있다. 책을 함부로 하는 것은 스승을 함부로 하는 것과 조금도 다를 것이 없다. 이 에미 생각에는 스승을 함부로 하는 것은 이 에미를 함부로 하는 것보다 더 큰 잘못이다."

나는 고개를 숙이고 어머니가 한 말을 귀담아 듣지 않을 수가 없었다. 어머니는 말을 계속했다.

"니가 책을 귀하게 여기고 책을 많이 읽어야 훌륭한 사람이 될 수 있다. 그런데 만약 니가 책을 예사로 생각하고 책을 많이 읽지 않으면 니는 절대로 훌륭한 사람이 될 수가 없을 것이다! 이 에미 말 명심해라! 알겠나?"

이 말은 내가 초등학교에 다닐 때 수도 없이 들었던 말이고, 책장을 접어서 혹은 책갈피를 함부로 다루다가 맞기도 참 많이 맞았다. 그래서 나는 내 책의 책장을 접지 않는 사람이 되었다. 그리고 책을 많이 읽는 사람이 되었다. 요즘도 일주일에 두어 번은 책방에 가고 한 달에 열 권 이상의 책을 산다. 그리고 매일 새벽까지 책을 읽을 정도가 되었다.

내가 부산에서 중학교 국어 선생을 할 때, 학교 도서관 담당을 한 적이 있다. 나는 사서교사 초급 과정 교육도 받은 터였다. 그때 놀란 것 하나가 책을 너무나 함부로 다루는 학생들이 많다는 사실이었다. 도서관 책에다 밑줄을 치는 애들이 너무 많았고, 책 여백에 낙서를 하는 애들도 적지 않았고, 심지어 어떤 애들은 책에 있는 삽화나 그림을 찢어가기도 했다.

이런 애들에게 책을 소중하게 다루라고 가르치는 것이 그리 쉽지가 않았다. 이런 것을 보면 책을 소중하게 다루는 것은 학교에 들어가기 전에 집에서 가르쳐야 하는 것이 아닌가 생각된다.

한동안 국회 도서관에 자주 간 적이 있다. 그때도 누군가 책장에 낙서를 한 것을 자주 발견하였고, 심지어는 삽화를 칼로 오려낸 자국도 발견할 수 있었다. 물론 밑줄을 그은 것은 수없이 발견하였다. 그럴 때마다 책을 소중하게 다루는 것이 얼마나 중요한 기본인가를 어릴 때부터 제대로 가르치는 것이 좋겠다는 생각을 하지 않을 수 없었다.

죽는 공부를 했는가,
사는 공부를 했는가?

공부에는 크게 두 가지가 있다. 하나는 죽는 공부이고 다른 하나는 사는 공부이다. 결론을 먼저 말하면 책상 공부는 죽는 공부이다. 그런데 불행하게도 이 땅의 많은 사람들이 이 죽는 공부를 대단한 것으로 알고 있다. 그래서 책상 공부 많이 한 사람들이 우리사회의 노른자위는 다 차지하고 온갖 부귀영화를 다 누리며 떵떵거리며 살고 있다. 그리고 순진하거나 어리석은 사람들은 이런 자들의 삶을 부러워하고 있다.

그 바람에 이 나라는 경제적으로는 세계 최상위권에 올랐지만 정치적으로나 교육적으로나 종교적으로나 공무원 사회 등에서는 최하위에서 허우적대고 있는 것이다. 그 가장 좋은 증거가 바로 세월호 참사라고 할 수 있다.

세월호 참사는 우리 사회의 수준을 잘 드러내는 현주소가 아닐 수 없다. 그리고 분명한 것은 앞으로 제2 제3의 세월호 참사는 수없이 대기하고 있다는 것이다. 해양경찰청 높은 자리에 있는 자들 중에 현장 경험이 있는 사람이 십프로(?)도 안 된다고 하는 것 또한 그 좋은 증거일 것이다. 이런 자들은 다 책상머리에서 죽어라고 공부한 자들일 것이다. 이 땅의 전문직 종사자의 거의 대부분이 다 책상 공부만 한 자들이다.

책상 공부만 한 자들은 머리만 발달할 수밖에 없다. 왜냐면 이들은 책상머리에서 죽은 지식과 정보를 넝마주이처럼 주워와서 달달 외는 일만 했기 때문이다. 책상머리에서 백날 천날 머리 굴리는 것만 되풀이했기 때문에 머리 굴리는 기술만 발달하지 않을 수가 없는 것이다.

우리 사회는 인간을 평가할 때 졸업장과 자격증 중심으로 평가한다. 그런데 졸업장과 자격증은 책상 공부를 많이 하면서 머리 잘 굴린 결과물일 뿐이다. 졸업장과 자격증에는 그 인간의 인간성, 시민의식, 인류애, 자주성, 책임감, 정의감 등은 1%도 포함되어 있지 않다. 그런데 미국만 해도, 사람을 뽑을 때나 공직자를 뽑을 때, 그가 평소에 봉사 활동한 시간이 몇 시간인지를 반드시 따진다고 한다.

책상머리에서 지식과 정보만 달달 외운 공부는 죽은 것이라고 단정하지 않을 수가 없다. 이에 반해 삶의 현장에서 체험을 통해서 직접 체득한 것이야 말로 살아있는 공부라고 할 수 있다. 진정한 공부란 머리로 하는 것이 아니라 땀과 눈물어린 가슴으로 한다.

배우는 것도 마찬가지이다. 머리로 배우는 사람은 결국에는 머리 굴리는 선수가 될 수밖에 없다. 그러나 가슴으로 배우는 사람은 다르다. 가슴으로 배우는 사람은 가슴이 뜨겁기 때문에 땀과 눈물샘이 살아있다. 책상 공부만 한 자들은 머리를 굴려서 동의를 하고 현장 체험을 통해서 체득한 자는 공감을 잘한다. 동의와 공감은 하늘과 땅만큼 다른 것이다. 동의는 거수기들이 잘하는 것이고 공감은 가슴이 따뜻한 사람이 잘 하는 것이다.

내가 한때 좋아하던 신지학회의 마담 블라다츠키는 러시아 사람인데 그녀는 핸드백 속에 항상 꽃씨 봉지를 넣고 다녔다. 누군가 그녀와 기차 여행을 하면서 물었다.

"당신은 항상 핸드백 속에 꽃씨를 넣고 다닌다고 들었는데 그게 사실입니까?"

그녀가 핸드백을 열어 꽃씨 봉지를 보여주면서 말했다.

"예. 바로 이것입니다."

"그 이유가 무엇입니까?"

그녀가 대답했다.

"나는 여러 곳을 여행할 기회가 많습니다. 그때 주로 기차를 이용합니다. 차장 밖을 보고 있다가 꽃씨를 뿌리면 자랄 수 있을 것 같은 곳을 지날 때 반드시 꽃씨를 뿌립니다."

"그 이유가 무엇입니까?"

그녀가 대답했다.

"내가 이 지상에 사는 동안 한알의 꽃씨라도 더 뿌리려고 합니다. 그래야 내가 죽고 나더라도 이 지상에 꽃이 더 많이 피어날 것 아닙니까? 내가 이 아름다운 지상에 사는 것이 너무나 행복한데 내가 죽고 난 뒤에 이 세상에 살 사람들을 위해서 지금 내가 할 수 있는 것은 바로 이 꽃씨를 이 지상 여기저기에 뿌리는 것입니다."

그녀는 창을 열고 활짝 웃는 표정을 하고 꽃씨를 뿌리기 시작했다. 꽃씨를 뿌리는 그녀는 꽃보다 더 아름다웠다.

내가 젊은 날에 상경하여 서울 서라벌고등학교 교사로 근무할 때 일이다. 식목일 아침이었다. 그때 나는 쌍문동 도봉여중 근처에서 자취를 하였다. 그때는 식목일은 학교에 가지 않는 공휴일이었다. 늦게 자리에서 뒤척이고 있는데 전화가 왔다.

"선생님, 저는 2학년 3반 아무개 입니다."

"그래 와아 전화했노?"

"오늘 학교로 좀 나와주시면 좋겠습니다."

"야, 뭔 일인데? 무슨 사고라도 났나?"

"아닙니다. 사고는요!"

"그라모 와아 공휴일에 쉬고 있는 나를 학교로 나와라 하노? 무슨 일인지 모르지만 볼일이 있으면 내일 말해라. 전화 끊어라!"

나는 전화를 끊었다. 잠시 후 그놈이 다시 전화를 해 왔다. 내가 짜증을 내면서 말했다.

"야, 임마! 오늘 모처럼 쉬는 날이라서 이발도 하고 목욕탕에도 가고 내 딴에 할 일이 많은데, 와아 나를 학교에 나오라 카노. 이자슥아!"

그놈이 버벙대면서 말했다.

"사실은 오늘이 식목이라고 우리 반 애들끼리 돈을 모아서 학교 운동장 귀퉁이에 기념식수를 하고자 합니다. 아이들 공통된 의견이 송현 선생님께서 나오셔서 함께 나무를 심는 것이 뜻깊을 것이라 해서 제가 아이들을 대표해서 전화를 건 것입니다."

참으로 뜻밖의 일이었다. 내가 말했다.

"그래? 너희들처럼 머리도 좋지 않은 놈들이 어찌 그리 기특한 생각을 하였지? 그래, 알겠다. 내가 빨리 서둘러서 학교로 나가마!"

학교에 나가니 애들이 스무나므 명이 나와 있었다. 나를 보고 다들 반가워하면서 손뼉을 쳤다. 고등학교 2학년 사내아이 키만한 사철나무 한 그루와 삽 세 자루가 준비되어 있었다. 학생 대표 두 놈과 함께 운동장 귀퉁이에 구덩이를 팠다. 셋이서 몇 삽 뜨지 않아도 금세 구덩이가 파졌다. 나무를 심고 주위를 꼭꼭 밟았다. 그리고 내가 말했다.

"야, 아무나 가서 물 한 들통 떠 와라!"

그때 내게 전화를 했던 놈이 말했다.

"아닙니다. 선생님! 잠시 기다려주십시오."

"야, 이렇게 심으면 되었는데 뭘 기다리긴 기다려. 혹시 나무가 한그루 더 있기라도 하나?"

그놈이 말했다.

"아닙니다, 선생님. 이것 한그루도 겨우 샀는데 어떻게 나무를 더 삽니까?"

애들이 폭소를 터뜨렸다. 그러는데 한놈이 본관 쪽으로 달려갔다. 본관 모퉁이로 뛰어가더니 금세 돌아왔다. 그런데 그놈은 하얀 페인트칠을 한 각목을 어깨에 지고 왔다. 나는 고개를 갸웃하였다. 그놈이 헐떡이면서 달려와 각목을 방금 심었던 나무 앞에 내려놓았다. 나는 깜짝 놀랐다. 하얀 각목에는 다음과 같은 글귀가 검정 페인트로 새겨져 있었다.

송현 선생님의 훌륭한 뜻을 받들어 이 나무를 심는다.

그리고 뒷면에는 다음과 같이 씌어 있었다.

문영률 외 49명

내게 전화를 했던 그놈이 그 팻말을 방금 기념식수한 나무 앞에 박았다. 학생들이 환호와 박수를 보냈다. 그때 물을 뜨러 갔던 놈이

들통을 들고 헐레벌떡 왔다. 내가 들통을 받아들고는 방금 심은 나무 주변에 물을 주었다. 그러자 학생들이 또다시 환호하면서 박수를 보냈다.

우리나라에서 하는 대부분의 공부는 머리로 하는 공부이다. 그 바람에 공부 많이 한 인간일수록 머리 굴리는 선수가 될 수밖에 없다. 이것이 우리 사회가 안고 있는 가장 큰 근본적인 문제이다. 그런데 학생을 가르치는 선생이란 자들의 대부분이 머리 굴리기 선수 출신이란 사실이다. 그러니 올바른 교육이 될 수가 없다. 머리 굴리기 선수를 뽑아서 교사를 시키는 한 이 땅에서 진정한 교육은 할 수가 없다.

책상 공부를 많이 하여 박사를 따고 교수가 된 자들이 대학에 가면 가득 차 있다. 그들의 이력서를 보면 다들 일류대학 출신이고 다들 명문대에서 박사 학위를 받았다. 이런 자들은 한마디로 다 죽은 시체나 다름없는 인간들이다. 머리만 발달하고 가슴이 죽어버린 인간은 살아도 살았다고 할 수가 없다. 살아도 죽은 시체들이라고 해야 옳다! 이런 자들은 거의 무덤에 들어가기 직전의 인간들이라 할 수 있다. 이런 자들은 말만 잘할 뿐이다. 이책 저책에서 긁어온 죽은 정보와 지식을 교묘하게 짜깁기해서 썰을 푸는데 선수일 뿐이다.

이런 학자들에게 사랑에 대해서 말해보라고 하면 한 시간이 아니라 몇 시간이라도 썰을 풀 것이다. "사랑이란 무엇인가" "순수한 사랑" "사랑은 본질" "위대한 사랑" "정신적인 사랑과 육체적인 사랑" 등등 고상한 주제를 놓고 끝도 없이 떠들 수 있다. 그런데 이런 인간들은 진정한 사람을 한 번도 해본 적이 없다!

이런 자들은 머리 굴리기 선수이기 때문에 사랑에 빠질 수가 없다. 이들의 머리 구조가 사랑에 빠질 수가 없다. 일반적으로 우리가 사랑에 빠진다고 할 때 '빠진다'는 말에는 깊은 뜻이 있다. 빠진다는 말은 함정이나 구덩이 등에 빠진다는 것을 의미한다. 그래서 빠지는 것은 대단히 위험한 것을 내포하고 있다. 그래서 사랑을 한다고 하지 않고 사랑에 빠진다고 할 때 사랑은 대단히 위험하다는 것을 내포하고 있는 것이다. 그런데 머리 잘 굴리는 선수들이 위험한 짓을 할 리가 없다. 머리 굴리는 자는 안전한 짓만 골라서 하지 위험한 짓은 절대로 안 한다!

이들이 잘할 수 있는 것은 안전빵 뿐이다. 이 안전빵 전문가들이 착각하는 것이 있다. 그것은 바로 안전한 것은 죽은 것이고 살아있는 것은 다 위험하다는 너무나 분명한 명제를 모른다는 것이다. 그래서 이들이 선택하는 것은 다 안전하기 때문에 다 죽은 것이다.

그래서 이들이 진정한 사랑에 빠지는 것은 낙타가 바늘구멍에 들어가는 것보다 더 어려운 일이다. 진정한 사랑을 하려면 첫째 계산을 하지 않아야 한다. 계산이란 바로 머리 굴리는 것을 말한다. 머리 굴리기 선수들에게 머리 굴리지 말라는 주문이 씨가 먹힐까? 책상 공부 많이 한 자들은 절대로 멋진 사랑, 아름다운 사랑을 할 수가 없다.

이 사람들은 안전한 사랑을 할 수가 있다. 안전한 사랑이란 계산적인 사랑을 말한다. 주판 튕겨서 손해 보지 않는 사랑, 머리 굴려서 위험하지 않는 사랑이 안전한 사랑이다. 그런데 이들은 한가지 중요한 것을 간과한다. 이들이 하는 그 안전한 사랑은 사랑이 아니라 비즈니스 이고 계산이란 사실을! 이 세상에 와서 멋진 사랑도 한번 못해본 이들이야 말로 정말 불쌍한 인간이 아닐 수 없다!

진리를 체득하는 것은 마치 사랑에 빠지는 것과 같다고 할 수 있다. 그래서 예수가 "신은 사랑이다" 라고 말한 것이다. 이 말은 신에 도달하려면 사랑에 빠지는 것처럼 하라는 뜻이다. 사랑의 사원에 이르는 길과 신의 사원에 이르는 길은 같다고 할 수 있다. 그 길은 머리를 통한 길이 아니고 가슴을 통한 길이다.

이런 의미에서 이 세상에서 가장 불쌍하고 한심한 인간은 책상 공부를 많이 한 자들이다. 왜냐면 그들은 머리 굴리는 선수들이기 때문에 머리는 한없이 발달하였지만 가슴은 평소에 쓰지 않았기 때문에 이미 죽은 지가 오래이기 때문이다. 이런 의미에서 이들은 인간이 아니라 로봇에 가까운 가장 불행하고 가장 불쌍한 인간들이다.

제 4 장

"애비야, 집에 가서 같이 살면 안 되냐?"

TV 녹화장이 눈물바다가 된 까닭

언젠가 불교 TV 「어머니 나의 어머니」란 프로에 초대 손님으로 출연하였을 때 일이다. 방송인 이익선 씨가 진행하는 인기 프로인데 불교계를 중심으로 저명인사들을 초대해서 자기 어머니 이야기를 하는 프로였다.

난생 처음 물어물어 방배동 불교 TV로 갔다. 4층 분장실에서 간단한 분장을 마치고 의자에 앉아 차를 마시고 있는데 이익선 씨가 들어왔다. 서로 인사를 나누었다. 그녀가 말했다.

"와아, 선생님 패션이 아주 화려하고 멋집니다. 그러고 보니 저도 얼른 가서 밝은 옷으로 바꿔 입고 와야겠습니다."

나는 노란 모자를 쓰고 베이지색 바지에 노란 체크무늬 셔츠를 입고 있었다. 내 딴에는 무슨 옷을 입을까 한참이나 고심을 한 끝에 선택한 차림새였다. 얼마 뒤에 이익선 씨가 아까보다는 더 밝은 옷으로 바꿔 입고 나타났다. 내가 말했다.

"이 선생님, 아까보다 더 화려하고 멋집니다!"

그녀는 고른 치아를 드러내며 밝게 웃었다.

녹화에 들어갔다. 방송국에 오면서 나는 속으로 몇 번이나 다짐을 하였다. 혹시 우리 어머니 치매 이야기 대목에서 내 감정을 자제하지 못하여 그만 눈물을 보이는 지경까지는 결코 가지 않아야지 하고 굳게굳게 다짐했다. 진행자의 질문 수위에 맞춰서 나는 우리 어머니 이야기를 했다. 중반까지 아무 문제없이 잘 진행이 되었다. 그런데 마무리 할 무렵에 진행자는 다음과 같은 주문을 했다.

"선생님, 이제 어머니에게 보내는 편지를 읽을 차례입니다!"

방송 섭외를 받을 때 어머니에게 보내는 편지를 한통 써서 오라는 주문을 받았다. 그러나 나는 굳이 어머니에게 보내는 편지를 따로 써오지 않았다. 마침 전에 어머니 치매 이야기를 쓴 시가 두 편 있어서 그것을 읽어도 되겠지 싶었다.

참회(1)

치매 어머니를 두고 밖에서 문을 잠그면서

- 송 현

아, 어머니

어머니가 안에 계시는데
밖에서 문을 잠그는
저는 이제
어머니 아들도 아니고
불효자식은 커녕
인간 말종도 아니고
사람새끼도 아닙니다.

어차피 아들을 못 알아보시니
옆집 아저씨나 길가는 사람으로 생각하셔요.
그래야 어머니 마음도 편하실 거 아니겠어요.

열여섯에 손이 귀한 집에 시집와서
십여 년 아들을 못 낳아
은진 송가네 대가 끊어지는 줄 알고
온 동네 사람들 다 걱정할 때

그 구박, 그 눈총에
꽃이 피면 뭘 하고 새가 울면 뭘 했겠습니까.
칼을 물고 아니면
목을 매고 죽을 때 죽더라도

그 잘난 고추 달린 아들 하나 낳아주고
죽어야겠다던 그 모진 마음을 이제사 저도 알겠습니다.
보잘 것 없는 고추 하나 달고 나온
저를 낳았을 때
온 동네가 다 기뻐했댔으니
잔치 중에 그런 잔치가 어디 있겠으며
경사 중에 그런 경사가 어디 있었겠습니까.
그 귀한 아들이
벼락 무서운 줄도 모르고
하늘 무서운 줄도 모르고
백발이 성성한 것만도 불효막심한데
어머니를 안에 두고
밖에서 문을 잠그고 있습니다.

저는 이제
어머니 아들도 아니고
불효자식은 커녕
인간 말종도 아니고
사람새끼도 아닙니다.

저는 이제

아예 인간이기를 포기하고

짐승이 되고 말았습니다.

참회(2)

치매 어머니를 두고 밖에서 문을 잠그고 출근하면서

- 송 현

아, 어머니

이제

개도

소도

저를 비웃고

산천초목이

저를 비웃고

세상 사람들이

저를 비웃어도 두렵지 않습니다.

제가 가는 길은 길이 아닙니다.

하늘도 어제 그 하늘이 아니고

땅도 어제 그 땅이 아닙니다.

어차피 어머니 몸도 성치 않으시니

오늘부터 집에서
편안히 쉰다고 생각하셔요.
고향도 잊고 노인대학 동무들도 잊고
회갑이 넘은 큰딸 둘째딸 걱정도 마시고
독일 사는 셋째딸 걱정도 마시고
아무리 심심해도 창밖도 쳐다보지 마시고
시계는 절대로 보지 마셔요.
그래야 어머니 마음도 편하실 거 아니겠어요.
거실에 알맞은 소리로
종일 나오는 유선방송을 틀어놨으니
텔레비 앞에 놓아둔 박하사탕 드시면서
송해가 나오는 전국노래자랑 재방송도 보시고
웃으면 복이 와요 재방송도 보시면서
천하장사 이만기 나오는 씨름 재방송도 보시면서
제가 퇴근하고 돌아올 때까지
어머니 혼자 노셔야 해요.
딴 방송 보시려고 이것저것 만지다가
다시 못 켜실까 봐서 테이프로 채널을 고정해놨어요.
전기세 아끼려고 절대로 텔레비 끄지 말고
종일 켜 놓고 보셔요.
어머니

제게는
이길 밖에 길이 없으니
이런 방식에 익숙해져야
어머니도 편하고 저도 편할 거예요.
점심 때 배고프면
백발이 성성한 2대 독자 아들과 손녀딸이
개다리 상에 차려놓은
점심상을 챙겨 드셔요.
밥도 식고 국도 식었지만
어쩔 수가 없어요.
밥은 아랫목에 넣어둘까 하다가
혹시 어머니가 못 찾으실까 봐 상위에 올려뒀어요.
어머니
아들도 못 알아보는
지금 그 모습으로라도
하루라도 더 사셔야 해요.
그래야
제 불효의 만분의 일이라도
갚을 수 있게요.

초반의 시작은 아주 자연스럽게 잘 되었다. 중반까지도 무난하게 낭송을 하였다. 그런데 중반이 넘어설 무렵에 그만 감정 절제를 잘못하는 바람에 그동안 내 속에 감추고 있던 설움이 북받쳐 그만 울음을 터트리고 말았다.

그러자 내 감정을 도저히 걷잡을 수가 없었다. 녹화를 못할 만큼 나는 내 감정을 주체하지 못하고 짐승처럼 통곡을 하고 말았다. 그 바람에 진행자는 물론이고 녹화장이 눈물바다가 되었다.

녹화가 끝이 났다. 손수건으로 눈물을 닦았다. 담당 피디가 내게 다가와서 말했다.

"선생님, 감사합니다. 참 수고 많이 하셨습니다."

"고맙습니다. 이런 귀한 자리에 저를 불러주어서 고맙습니다."

악수를 하고 헤어지려고 했는데, 그 순간 담당 피디의 눈자위를 보니 그도 눈물을 흘린 것 같았다. 그래서 나는 참으로 뜻밖의 제안이 내 입에서 튀어나오고 말았다.

"선생님, 선생님의 눈을 보니 제 이야기에 공감을 하신 것 같습니다."

"누가 공감을 하지 않았겠습니까! 참으로 감동했습니다."

내가 말했다.

"선생님께서 제 이야기에 공감을 하지 않았다면 저는 그냥 갈 참이었는데 뜻밖에 선생님께서 제 이야기에 공감을 한 것 같아서 용기를 내서 한 가지 묻겠습니다."

피디는 뜻밖의 내 말에 놀라는 눈치가 역력했다.

침을 한번 꿀꺽 삼키고 내가 말했다.

"선생님, 혹시 불교 TV에 무슨 특강 같은 것이 있습니까?"

피디가 말했다.

"예, 있습니다. BTN특강이란 프로가 있는데 그것은 한번 시작하면 매주 한 시간씩 해서 6개월을 하는 프로 입니다."

내가 말했다.

"선생님, 저에게 두 주일만 여유를 주시면 제가 6개월 치 특강 교안을 짜오겠습니다. 그때 그 교안을 검토해 보시면 어떻겠습니까?"

"그러면 저야 좋지요!"

나는 홀가분한 마음으로 방송국을 나왔다.

연구실로 돌아와서 나는 6개월 치 방송특강 교안을 짜기 시작했다. 특강의 전체 이름은 무엇으로 하며 매주 무슨 주제를 다룰 것인가를 놓고 여러 날 고심하였다. 그런 끝에 「송현 시인의 행복발견」이란 제목의 교안을 완성했다. 그리고 불교 TV 피디에게 전화를 걸었다.

"이것이 6개월 치 교안입니다."

피디는 호기심 어린 눈으로 교안을 받자마자 내용을 훑어보았다. 그리고는 다음과 같이 말했다.

"선생님, 정말 수고 많이 하셨습니다. 제가 얼핏 보아도 내용이 아주 탄탄하고 알찹니다. 이 교안을 6개월에 마칠 것이 아니라 더 늘여도 좋을 만치 교안 내용이 충실합니다."

일주일 쯤 뒤에 피디에게서 전화가 왔다.

"선생님, 방송해도 좋다고 결제가 났습니다!"

"고맙습니다. 선생님! 귀한 기회를 주어서 정말 고맙습니다. 최선을 다해서 잘 하겠습니다."

나는 「송현 시인의 행복발견」이란 프로를 6개월 동안 하기로 계약을 했다. 그런데 첫 회 방송부터 대박이 터졌다. 회를 거듭할수록 인기가 높아져서 결국은 6개월 연장 방송을 하였다. 그래도 인기가 식을 줄 몰라서 한 텀을 쉬고 「송현 시인의 지혜발견」이라고 제목을 바꾸어서 6개월간 특강을 하였다. 이 바람에 나는 불교계에서는 갑자기 스타 아닌 스타가 되었다. 여기저기에서 오라는 곳도 많아졌고 강연을 요청하는 사찰과 공공 기관 기업체도 많아졌다. 그렇게 나는 제2의 전성기를 보내고 있다. 그런데 이런 것도 이제 다시 생각하면 다 어머니 덕분이 아닌지 모르겠다.

"니 에미가 한 음식이다. 처먹기 싫으면 말아라!"

부산 명지초등학교에 다닐 때 일이다. 아마 5학년 때지 싶다. 평소 때처럼 그날도 온 가족이 저녁을 함께 먹고 있었다.

밥을 먹는데 내 밥그릇에서 긴 머리카락이 나왔다. 나는 밥을 먹다 말고 머리카락을 흔들어 보이면서 말했다.

"아이 씨! 여자 머리카락이잖아!"

내 목소리는 온 식구들이 다 들을 수 있는 제법 큰 소리였다. 나는 혼잣말로 구시렁구시렁 불평을 했다. 그러자 식구들이 다들 나를 쳐다보았다. 그 순간 옆에 있던 어머니가 말했다.

"야, 이늠아! 니 에미가 한 음식이다! 처먹기 싫으면 말아라!"

나는 처음에는 그 말이 무슨 말인지 몰랐다. 그래서 계속해서 구시렁구시렁했다. 그러자 이번에는 어머니가 내 뒤통수를 후려치면서 말했다.

"처먹기 싫으면 말아라! 에미가 일부러 넣지는 않았으니 조용히 내려놓아야지. 다른 사람들도 밥맛없어지게 그게 무신 몰상식한 짓이고! 머리카락이 아니라 돌이나 다른 뭣이 들었다 하더라도 옆에 사람 몰래 살짝 밑으로 버리고 잠자코 먹어야지! 배때지 부른 늠이구나! 니 같은 늠은 비싼 밥 먹을 자격이 없다!"

어머니는 내 밥그릇을 뺏어갔다. 그 순간 내 밥그릇이 밥상에서 사라졌다. 나는 갑자기 뒤통수도 얻어맞고, 밥그릇도 뺏기고 말았다.

어머니의 태도가 워낙 강경하였기에 아무도 말을 붙이지 못하였다. 다들 못 본 척 못 들은 척 밥을 먹고 있었다. 나는 손에는 숟가락을 들고 있었지만 내 앞에 내 밥그릇은 없었다.

건너편에 있던 할머니가 자리에서 일어나서 어머니 쪽으로 다가왔다. 그리고 어머니 무릎 앞에 압수해 두었던 내 밥그릇을 찾아들고 내 앞에 내려놓아 주면서 내 귀에 대고 한마디 했다.

"얼른 먹어라!"

할머니가 고맙기는 했지만 어머니는 한없이 원망스러웠다. 제자리로 돌아간 할머니가 눈짓으로 나를 보고 얼른 먹으라고 신호를 했다. 그 순간 더 이상 내가 우물우물 하면 어머니는 사정없이 밥그릇을 뺏을 것 같았다.

그래서 할 수 없이 다시 밥을 먹기 시작했다. 한 숟가락 떠서 입에 넣고 우물우물 하는데 나도 모르게 내 눈에서는 닭똥 같은 눈물이 뚝뚝 떨어졌다.

언젠가 내가 중학교 때 우리 아버지와 부산에서 어느 식당에 간 적이 있다. 음식을 먹는데 아버지 밥그릇에서 머리카락인지가 나왔다. 그러자 아버지는 숟가락을 상위에 탁 던지다시피 놓으면서 고함을 쳤다.

"야, 사람 먹는 밥에 머리카락을 넣어놓으면 사람이 우째 먹으란 말이고!"

아버지의 고함소리는 너무나 쩌렁쩌렁하여 마치 마이크 앞에서 말하는 것 같았다. 식당 안에 있던 온 사람들이 다 들었다.

그 순간 종업원과 주인아주머니가 아버지 앞에 와서 잘못했다고 사과를 했다. 아버지의 당당한 태도와 우렁찬 고함소리로 봐서 한시 바삐 사과를 하지 않으면 큰 무슨 난리라도 날것만 같았다.

그 순간 나는 아버지의 태도가 너무 지나치다고 생각했다. 아버지의 말대로 하면 주방에서 일부러 음식에 머리카락을 넣은 것이 된다. 설마 식당 사람들이 알지도 못하는 우리 아버지에게 무슨 억하심정이 있어서, 아니면 무슨 원한이 있어서 머리카락을 일부러 넣겠는가? 그때 나는 우리 어머니가 한 말이 생각났다.

"처먹기 싫으면 말아라! 에미가 일부러 넣은 것이 아니라 생각하고 조용히 뱉고 말아야지. 다른 사람들도 밥맛없어지게 그게 무신 짓이고! 머리카락

이 아니라 돌이나 다른 뭣이 들었다 하더라도 살짝 옆에 사람 몰래 밑으로 버리고 잠자코 먹어야지! 배때지 부른 늠이구나!"

나는 어머니 덕분에 반찬타박을 하지 않는다. 거기다가 젊은 날에는 군대 훈련소에서 내 딴에는 크게 깨달은 바가 있었다.

나는 부산에서 중학교 선생을 하다가 육군 훈련소에 입대를 했다. 훈련을 받을 때 매 끼니마다 식판에 밥을 받아와서 먹었다. 그때 군대의 식사가 참 부실하다는 것을 알았다. 쌀도 아주 질이 떨어졌고, 국도 멀건 게 건더기가 거의 없었고, 다른 반찬도 다 부실하기는 마찬가지였다. 그때 나는 이런 생각을 했다.

'내가 이 훈련을 마치고 집으로 돌아가면 절대로 반찬 투정을 하지 않아야겠다! 그리고 내 먹성은 최대로 낮추고 내 정신세계는 최고로 높여야겠다!'

훈련소에서 매 끼니 때는 물론 다른 훈련시간에도 이런 다짐을 계속했다.

그 바람에 나는 이날까지 살아오면서 싸구려 음식 밖에 먹어본 것이 없다. 가령 지난핸가 한글학회가 인촌상을 받아서 축하하는 자리에 초대를 받아갔다. 롯데 호텔 식당에서 나온 최고급 식사였다.

나는 채소 두서너 잎 외에는 아무 것도 먹을 생각이 들지 않았다. 아니 먹을 수가 없었다. 평소에 고급 음식을 먹어본 경험도 없지만 고급 음식이 내 입에 맞지도 않기 때문이다. 그래서 다른 분들에게 양해를 구하고 밤 아홉시만 되면 나를 찾아오는 길양이 점식이 주려고 비날 봉지를 꺼내어서 담았다.

나는 평소에 식당에서 밥을 먹을 때 밥이나 반찬에서 더러 머리카락이나 이쑤시개 조각 등이 나오면 아무 말도 하지 않고 살짝 건져 낸다. 더더욱 옆에 사람 눈에 띄지 않게 아주 조심스레 처리한다.

그리고 아무 말도 하지 않고 아무 일도 없었던 것처럼 계속 먹는다. 거기서 한 술 더 떠서 되도록이면 맛있게 먹으려고 한다. 거기서 한 술 더 떠서 가능하면 음식이 맛있다고 칭찬하려고까지 한다. 이런 것들도 내가 어릴 때 우리 어머니에게 너무나 귀한 교훈을 배웠기 때문이라고 생각한다.

그리고 군대 훈련소에서 먹는 수준은 최대한으로 낮게 하고, 정신세계 수준은 최대로 높게 한다고 결심한 것이 내 삶의 중요한 원칙이 되었다고 해도 과언이 아니지 싶다.

“그만 일에 찔찔 짜고 우나? 에미가 죽어도 울지 마라!”

어머니 손을 잡고 부산 명지초등학교 입학식에 가던 날이었다. 협동조합 창고 앞을 지날 때, 나는 한눈을 팔다가 돌부리에 걸려 넘어지고 말았다.

내가 엄살을 섞어 엉엉 울자 금세 닭똥 같은 눈물이 뚝뚝 떨어졌다. 어머니가 말했다.

“사내자슥이 그만 일에 울면 안 되고 눈물을 보여서는 안 된다.”

내가 말했다.

“그러면 언제 울어도 돼요?”

어머니가 매서운 눈초리로 나를 내려다보면서 말했다.

“설령 이 에미가 죽어도 니는 울지 마라! 니는 강해야 한다!”

이 말은 그 뒤로도 여러 번 들었던 말이다. 내가 눈물을 찔찔 짜면서 울 때면 어머니는 거의 이 말을 했다.

지금 생각해보면 우리 어머니는 나를 강하게 키워야 한다는 원칙이 분명히 서 있었던 것 같다. 그리고 이 말은 우리 아버지를 흉보는 것 같아서 말하기가 좀 불편하지만 아버지에 대한 불만이 강했던 탓도 있었을 것이다.

아버지는 일본에서 초등학교를 다녔다고 한다. 일본 초등학교에서도 어떤 과목은 반에서 일등을 하였다고 한다. 그런 총명한 어린이가 시대를 잘못 타고난 탓에 학교도 제대로 다니지 못하고 제 뜻도 펴지 못하는 불운한 신세가 되고 말았다. 바이올린도 켜고, 연극 대본도 쓰고, 연기도 하고, 극단 감독도 하는 청운의 큰 뜻을 펴지 못하고 시골에서 농사꾼 노릇을 하는 것이 그리 달갑지는 않았을 것이다.

그래서인지 아버지는 매일 술을 마셨다. 돌아가실 때는 그 독한 대선소주를 매일 한 되씩 마셨다. 마침내 알코올 중독에다 농약 중독까지 겹쳐 돌아가셨다.

거기다가 아버지는 면사무소 옆에서 술장사를 하는 이쁜 주모와 가까운 사이였다. 그리고 아버지는 정의감이 넘쳐 시국 문제에 강한 불만을 품고 세상을 뒤엎어야 한다는 생각을 하고 살았다. 그래서 한때는 주재소 순사가 매일 우리집 앞을 감시하였다. 깜깜한 밤중에 손전등 불빛으로 우리집을 비추곤 하였다. 나는 그 불빛을 볼 때마다 불안하고 겁이 났다. 아버지가 순사에게 잡혀 가면 영영 돌아오지 않을 것만 같았다.

어머니는 아마 남편에 대한 여러 가지 불만과 못마땅한 것이 쌓여서 이대독자인 아들에게는 많은 것을 기대한 것 같았다. 그리고 아버지가 입바른 말을 잘하고 남의 잘못이나 사회적 부정과 부패에 대해서 자주 비판하고 성토하는 것이 어머니의 눈에는 마뜩잖아 보였을 것이다.

명지 초등학교 3학년 땐가 우리 동네 사는 중학생 형에게 한 대 맞고는 분하고 억울하여 울면서 집으로 돌아왔다. 어머니가 말했다.

"와, 우노?"

내 감정에 북받쳐 빨리 대답을 못하자 어머니가 다시 물었다.

"누구한테 맞았나?"

그제야 나는 선은 이렇고 후는 저렇고 하면서 자초지종을 훌쩍이면서 설명했다. 그러자 어머니가 말했다.

"사내자슥이 그만 일에 울고 눈물 찔찔 짜나? 이 험한 세상 살아가려면 강해야 하는데 니처럼 그만 일에 눈물을 찔찔 흘리면서 우째 살라카노! 이 한심한 늠아! 그 형한테 맞은 지가 언젠데, 아직도 아파? 멍청한 늠!"

어머니는 내 편을 들어주지 않았다. 나는 맞을 짓을 하지 않았기 때문에 그 형이 잘못했다는 것을 다시 입증하려고 시도했다. 그러자 어머니가 말했다.

"야, 이자슥아! 사내자슥이 그만 일에 울고 눈물 찔찔 짜면 안 된다 켔는데도 이 에미 말을 못 알아들어? 너 축구畜狗 등신이가?"

나는 더 이상 할 말이 없었다. 더 이상 울 명분이 없었다. 내 딴에는 충분히 억울하고 분하여 울었는데 어머니에게는 그깟 일은 사내자식이라면 울 일이 아니라고 했다.

어머니가 내 편을 들어주지 않고 도리어 중학생 형의 편을 드는 것처럼 여겨졌다. 어머니가 너무나 야속했다. 그러나 어머니 앞에서 더 이상 토를 달고 덤비면 어머니가 가만히 있을 리가 없다.

그러니 뒤통수를 맞지 않으려면 가만히 있는 수밖에 없다. 그래도 울던 울음이 그치지 않아서 코를 훌쩍이자 어머니가 뚝 그치라고 말했다.

나는 어머니의 그 단호함에 질려서 "예"라고 대답하지 않을 수가 없었다. 그런데 내 대답 소리는 모깃소리만 하였다.

"예"

그게 화를 자초한 것이다. 그 순간 어머니는 내 등짝을 후려치면서 말했다.

"대답 소리가 그게 뭐꼬! 그게 사내자슥 대답 소리가! 다시 크게 사내답게 대답해바라!"

"예!"

나는 거의 목이 잠겨 큰 소리가 나오지 않았다. 그래도 내 딴에는 최고로 크게 한다고 했다.

그날 나는 중학생 형한테 재수 없어서 얻어맞고, 집에 와서는 어머니에게 회초리를 맞았다. 형한테 맞고는 집에 올 때까지 울면서 왔지만 어머니에게 회초리를 맞고는 더 이상 울 수가 없었다.

한 달 뒤엔가 그 중학생 형이 나를 또 괴롭혔다. 그때 어머니가 했던 말이 생각났다.

"사내놈은 강해야 한다! 사내가 약하면 아무 짝에도 못씬다. 산에 사는 짐승도 강한 놈은 살고 약한 것은 강한 놈한테 잡아 멕히고 만다꼬! 이 에미 말 명심하거라!
앞으로도 고딴 일에 울고 눈물 찔찔 짜고 오면 밥도 안 줄거고, 몽둥이찜질을 할끼다. 나는 니가 강한 사내로 자라길 바란다. 이 세상 살아가는데 사내가 약하면 아무 짝에도 못 씬다는 이 에미 말 명심해라. 알겠나!"

그래서 나는 있는 힘을 다해서 중학생 형의 팔뚝을 잡고 개가 물듯이 있는 힘을 다해서 팔뚝을 물었다. 그러자 그 형은 죽겠다고 비명을 지르면서 도망을 갔다. 나는 그 형이 비명을 지르며 달아나는 것이 믿어지지 않았다. 나는 의기양양하게 집으로 돌아왔다. 나에게 무슨 일이 생긴 줄 내 표정을 보고 짐작이라도 한 듯이 어머니가 말했다.

"무신 일 있나?"

나는 무용담의 자초지종을 설명했다. 그리고 형의 팔뚝을 무는 대목을 이야기할 때는 내 팔뚝을 직접 무는 흉내까지 내었다. 그러자 어머니가 말했다.

"사내늠은 강해야 한다! 사내가 약하면 아무짝에도 못씬다. 산에 사는 짐승도 강한 늠은 살고 약한 것은 강한 늠한테 잡아멕히고 만다꼬! 이 에미 말 명심하거라!"

그 다음부터 그 중학생 형은 나를 보면 슬슬 피하기만 하는 것 같았다. 다른 아이들은 왜 그 형이 나를 슬슬 피하는지 아무도 몰랐을 것이다.

"왼손잡이는 병신이다!"

나는 왼손잡이다. 명지 초등학교를 다닐 때 어머니는 내게 다음과 같은 말을 수없이 했다.

"왼손잡이는 병신이다! 그러니 니는 글씨도 오른손으로 쓰고 연필 깎는 것도 오른손으로 해야 한다. 나는 니가 왼손잡이가 되는 것을 용서하지 않을 것이다."

내가 초등학교에 들어가기 직전 집에서 글자 쓰기를 배울 때 일이다. 어머니는 내가 왼손에 쥐고 있는 연필을 빼앗다시피 해서 반드시 나의 오른손에 쥐어 주면서 정색을 하고 진지하게 말했다.

"왼손잡이는 병신이다! 그러니 니는 글씨도 오른손으로 쓰고 연필 깎는 것도 오른손으로 해야 한다. 나는 니가 왼손잡이가 되는 것을 용서하지 않을 것이다."

그런데 나는 타고난 왼손잡이라서 연필을 오른손에 쥐는 것보다 왼손에 쥐는 것이 더 편리하고 자연스러웠다. 거의 본능적으로 그것을 알았다. 그래서 어머니가 부엌으로 나가면 즉각 나는 연필을 왼손으로 바꾸어 쥐었다. 그러다가 어머니가 방으로 들어올 기척이 보이면 즉각 오른손으로 연필을 쥐었다. 이런 면에서는 나도 어릴 때부터 눈치는 제법 빨랐던 것 같다.

그러던 어느 날, 나는 그만 어머니에게 이런 나의 수작이 들키고 말았다. 그러자 어머니는 공구 상자에서 낡은 구두끈 하나를 가져와서 내게 말했다.

"이늠아! 왼손잡이는 병신이라고 하지 않았느냐! 그런데 왜 자꾸 연필을 왼손으로 잡냐! 안 되겠다. 할 수 없다!"

어머니는 작은 천 조각으로 내 왼손을 싸고는 구두끈으로 꽁꽁 묶었다. 그러니 왼손으로는 연필을 쥘 수가 없었다. 그리고 어머니가 말했다.

"내가 좀 있다 검사할 때까지 이 왼손을 풀어서는 안 된다! 만약 에미 몰래 풀기만 하면 니는 죽는 줄 알아라!"

그제야 나는 더 이상 왼손으로 연필을 잡을 수가 없었다. 할 수 없이 거의 강제로 오른손으로 글씨를 쓰면서도 왼손이 너무나 답답하여 견딜 수가 없었다. 그래서 참다못해 내가 울면서 말했다.

"엄마, 왼손으로 절대로 쓰지 않을게요. 좀 풀어주세요. 답답해서 죽겠어요!"

그러면 어머니는 못 이긴 척하면서 꽁꽁 묶었던 왼손을 풀어주었다.

이렇게 반 강제로 왼손잡이 어린이를 오른손으로 글자를 쓰게 하였다. 연필뿐 아니었다. 연필을 깎을 때 칼질 역시 나는 왼손이 더 잘 했다. 그래서 어머니 볼 때는 오른손으로 깎는 척하다가 어머니만 안 보이면 대번에 왼손으로 연필을 깎았다.

나는 글씨는 오른손으로 쓰지만 칼질은 왼손으로 한다. 연필 잡을 일은 자주 어머니의 눈에 발각되기 때문에 왼손으로 쓸 수가 없었다. 만약 왼손으로 연필을 잡고 글씨를 쓰다가 들키는 날이면 그 날은 회초리를 여러 대 맞아야 했다.

그러나 연필을 깎는 일을 자주 하는 것이 아니기 때문에 왼손으로 칼질을 해도 좀처럼 어머니 눈에 발각되지 않았다. 그래서 나는 지금도 칼질은 왼손으로 하고 글자 쓰기는 오른손으로 한다.

그 뒤에 내가 중등학교 선생이 되었다. 학생들 중에는 왼손잡이가 더러 있었다. 그들이 왼손으로 연필을 잡는 것을 볼 때마다 나는 우리 어머니가 했던 말이 떠올랐다.

"왼손잡이는 병신이다! 그러니 니는 글씨도 오른손으로 쓰고 연필 깎는 것도 오른손으로 해야 한다. 나는 니가 왼손잡이가 되는 것을 용서하지 않을 것이다."

나는 아무 말도 않고 혼자 빙그레 웃었다. 어쩌다 왼손잡이와 눈이라도 마주치면 의아해 하면서 묻는 애가 있다.

"선생님, 왜 저를 보고 묘한 웃음을 지으시나요?"

나는 고개를 가로 저으면서 대답했다.

"아무 것도 아니야, 잠시 딴 생각을 한 것이야!"

학생은 고개를 갸웃하면서 왼손으로 계속 글씨를 썼다.

내가 서라벌고등학교를 그만 두고 공병우 박사의 한글기계화연구소에 들어갔을 때 깜짝 놀란 것 중의 하나가 바로 왼손잡이 문제였다. 한글 타자기의 글자판에서 왼손잡이용이냐 오른손잡이용이냐가 대단히 중요한 문제라는 것을 알았다.

가령 박정희 정부에서 1968년에 비전문가들을 동원하여 3개월 만에 졸속으로 허위보고서까지 작성하여 표준 글자판을 만들었다. 이 글자판은 "공병우식과 김동훈식의 단점만 모은 졸작(조선일보 1977.9.23)"이라고 할 만큼 비과학적인 엉터리 글자판이다.

그런데 이 비과학적인 글자판의 가장 큰 잘못은 바로 왼손잡이용이라는 점이다. 이 땅에는 거의 90%가 오른손잡이고 왼손잡이는 겨우 10% 전후라고 한다. 그래서 세상의 대부분의 기계들이 오른손잡이 중심으로 설계되고 제작된다는 사실이다.

그래서 공병우 박사가 만든 세벌식 글자판은 왼손잡이용이 아니고 오른손잡이용이다. 운이 좋게 나는 젊은 날에 공병우 세벌식 타자기를 배워서 이날까지 아주 편리하게 잘 사용하고 있다. 물론 어릴 때 어머니가 왼손잡이는 병신이라고 수없이 강조하면서 기어이 나를 오른손잡이로 만들어준 덕을 톡톡히 보고 사는 것이다.

"새벽 국밥 나올 때까지 있지 마라."

나는 모임이나 노는 곳에 가면 끝까지 있지 않고 중간에 슬쩍 빠져 나오기를 잘한다. 그 바람에 더러 오해를 받기도 하고 더러는 욕을 먹기도 한다. 그런데 그것은 어릴 때 어머니가 나에게 귀에 딱지가 앉을 만치 자주 해준 이 말 때문이 아닌가 한다. 어머니가 말했다.

> "가령, 상갓집에 가더라도 인사한 뒤 조위금 봉투를 놓고는 적당한 순간에 그 자리에서 빠져 나와야 한다. 새벽에 국밥 나올 때까지 죽치고 있으면 안 된다. 그런 짓은 못난 것들이 한다. 잘난 사람들은 절대로 새벽에 국밥 나올 때까지 있지 않는다!"

이 말 끝에는 꼭 우리 아버지를 비난하는 말을 덧붙였다.

"니 애비 하는 꼴 좀 봐라. 자기보다 못난 것들 앞에서 잘난 척하고 아는 척하면서 새벽에 국밥 나올 때까지 죽치고 있으면 못 씬다!"

나는 이 말이 그리 듣기가 좋지는 않았다. 앞부분만 했더라면 별 다른 부담을 느끼지 않았을 테지만 반드시 아버지를 비난하는 뒷부분이 따라왔기 때문이다.

참 신기하게도 내가 젊은 날에 한글타자기를 발명한 공병우 박사를 만났다. 그 바람에 서라벌고등학교에 사표를 내고 공병우 한글기계화연구소로 직장을 옮겼다. 이것은 단순히 직장을 옮기는 것이 아니라 내 운명을 바꾸는 중요한 계기가 된 사건이다.

공 박사님은 기회가 있을 때마다 입버릇처럼 말씀하셨다.

"시간은 돈보다 더 중요한 생명이다."

나는 공 박사님의 시간 사용법에 아주 강한 인상을 받았고, 하나하나 내 것으로 만들려고 애를 썼다. 공 박사님은 양말도 빨리 신고 벗으려고 양말위의 고무줄을 가위로 잘랐고, 5분 이상 걸리는 이발소에는 가지 않았고, 구두 뒤축도 꺾어서 신었고, 낮에 하는 결혼식에는 가지 않았다. 그밖에도 공병우 박사의 시간에 관한 일화는 엄청나게 많다.

나는 공병우 박사를 만난 지 2년 만에 공병우 타자기주식회사 대표이사에 취임하였다. 그때 내가 회사에서 제일 먼저 취한 조치가 바로 회의를 서서 하는 것이었다.

그때가 1978년의 일이다. 그때 나는 국내 최초로 회의를 서서 하는 것을 시도하였던 것이다. 그런데 사십 년이 지난 지금도 우리 나라에서는 서서 회의를 하는 곳이 없다고 한다.

예전에 KBS TV에서 국내 최초로 시도한 「비즈니스맨 시대」란 프로의 진행을 나에게 맡아 달라고 조병상 PD가 전화를 걸어왔다. 그때 내가 이렇게 말했다.

"나는 그런 것은 잘 모릅니다. 다른 전문가에게 맡기는 것이 좋을 것 같습니다."

그러자 조병상 PD가 말했다.

"송현 선생님께서 공병우 타자기회사 대표이사 시절에 제일 먼저 회의를 서서 하기로 결정하고 실행한 것 하나만 봐도 송현 선생님이 가장 적임자입니다."

결국 조병상 PD의 간곡한 권유에 못 이긴 척하고 「비즈니스맨 시대」라는 신설 프로 진행을 맡았다.

모두가 다 어릴 때 우리 어머니가 수없이 해준 아래의 교훈이 나의 삶에 중요한 지침이 된 것과 관련이 있다.

"가령, 상갓집에 가더라도 인사한 뒤 조위금 봉투를 놓고는 적당한 순간에 그 자리에서 빠져 나와야 한다. 새벽에 국밥 나올 때까지 죽치고 있으면 안 된다. 그런 짓은 못난 것들이 한다. 잘난 사람들은 절대로 새벽에 국밥 나올 때까지 있지 않는다!"

그래서 나는 웬만한 모임에 가면 대부분 1부 행사에만 참석하고 2부에는 빠진다. 얼마 전에 인사동 무슨 전시회에 초대를 받고 간 적이 있다. 축사까지 한마디 하였다. 그러자 주최 측에서 별도의 2부 장소를 가르쳐 주면서 거기에서 한잔 하자고 했다.

나는 그러겠노라고 대답은 하였지만 아무도 눈치 채지 못하게 거기로 가는 척하다가 샛길로 슬쩍 사라지고 말았다. 그때 내가 2부 행사에 갔더라면 여러 사람들이 횡설수설하는 이야기를 들어야 하고, 자기 땀과 눈물은 말하지 않고 남의 이야기, 정치 이야기, 인류평화 이야기나 들어야 했을 것이다. 그런 자리에 앉아있는 것이 얼마나 따분하고 고통스러운 줄 아는 사람은 다 알지 싶다.

"사내는 X은 백근 입은 천근이라야 한다!"

나는 어릴 때 어머니에게 회초리를 자주 맞았다. 회초리를 맞은 이유는 여러 가지가 있는데 그 중에서 가장 잦은 이유는 말 때문이었다. 그렇다. 대부분 말이 화근이었다. 그런데 내가 말을 잘못하거나 틀리게 해서가 아니었다. 단지 말을 못 참거나 아직 실행은 하나도 하지 않고 말부터 먼저 하기 때문이었다. 그럴 때마다 어머니의 일갈은 항상 같았다.

"야 이늠아! 사내는 X은 백근 입은 천근이어야 한다. 그런데 니는 사내자슥이 와 말부터 그리 앞서냐? 쯧쯧!"

대학교 일학년 겨울이었다. 총학생회 사무실 앞에는 학생들이 길게 줄을 서 있었다. 총학생회에서 발행한 대학신문을 나눠주는 중이었다. 나도 줄 꼬랑지에 서서 대학신문을 한 장 얻었다. 그 자리에서 다 읽어 보고 싶었다. 복도에 서서 읽기가 적당하지 않아 학생 휴게실로 갔다. 구석 자리를 잡고 앉아서 차근차근 신문을 훑어보았다. 그러다가 한 가지 공고문에 내 눈이 모아졌다.

제3회 동아문학상 원고 모집

XX대학교 총학생회 학예부에서 주관하여 그동안 동일문단의 숨은 작가들을 발굴해온 동아문학상 제3회 원고를 다음과 같이 모집합니다. 재학생 여러분의 많은 응모를 바랍니다.

〈다음〉

1. 장르

가) 시부: 자유시 3편 이상
나) 소설부: 소재 자유 1편(원고지 80매 내외)
다) 수필부: 수재 자유 2편 이상(원고지 15매 내외)

2. 상금

가) 시부: 당선작 1편 상금 5만환
나) 소설부: 당선작 1편 상금 5만환
다) 수필부: 당선작 1편 상금 3만환

3. 원고 마감: 1966년 월 일
4.당선작 발표: 총학생회 회관 게시판 및 교지 「동일」에 작품 수록
5.원고 보낼 곳: 총학생회 학예부

1965년 월 일
XX대학교 총학생회 학예부장 김건수

대학신문 하단 내 눈이 모아진 내용은 바로 제3회 동아문학상 원고 모집 공고였다. 상금도 만만치 않았고 응모 기간도 충분했다. 나는 두 주먹을 불끈 쥐며 굳게 다짐했다!

'저 상은 반드시 내가 받아야 한다. 세계문예대사전에 내 이름이 올라가는 것이 여러 해 뒤에 내가 닿아야 할 희망봉이라면, 올해 당장 내가 닿아야 할 희망봉은 저 대학 문학상이다!'

그날 온종일 내 머릿속에는 올해 닿아야 할 희망봉 생각뿐이었다. 저녁에 자취방에 돌아와서 올해 닿아야 할 희망봉에 대해서 별별 궁리를 다 했다.

주말에는 고향집으로 갔다. 저녁 식사를 마치고 어머니에게 동아문학상에 대해서 간단히 설명을 하고 결론 삼아 이렇게 말했다.

"엄마, 그 상은 제가 꼭 받을 것입니다. 당선 소감을 미리 쓸 것이고 상금 쓸 곳도 미리 정해놓을 참입니다!"

그러자 어머니가 다음과 같이 말했다.

"야 이늠아! 사내는 X은 백근 입은 천근이어야 한다. 그런데 니는 사내자슥이 와 말부터 그리 앞서냐? 쯧쯧!"

그해 겨울 방학이 되었다. 시골집 아래채 머슴방이 비어 있었다. 냉방이었다. 그 냉방에서 나는 이불을 뒤집어쓰고 겨울 방학 내내 〈포기령〉이란 단편소설을 한 편 썼다. 개학을 하여 학교에 가니 2

학년이 되었다. 나는 동아문학상 소설부에 응모를 하였다. 운이 좋아서 내가 제3회 동아문학상 소설부문을 수상했다.

그 뒤에 나는 욕심이 났다. 소설에서 상을 받았으니 이제 남은 것이 시뿐이었다. 그래서 시를 써서 응모하여 제4회 동아문학상 시부문 수상을 내가 해야지 하는 욕심이 생겼다. 그래서 그 주일 시골집에 가서 어머니와 저녁을 먹으면서 내가 말했다.

"엄마, 지난 겨울에 쓴 소설로 동아문학상 소설부문을 수상했는데 올 겨울에는 시를 써서 동아문학상 시부문도 내가 상을 받아야겠어요!"

그러자 어머니가 말했다.

"야 이늠아! 사내는 X은 백근 입은 천근이어야 한다. 그런데 니는 사내자슥이 와 말부터 그리 앞서냐? 쯧쯧!"

나는 대학 2학년 때 월남전을 소재로 한 〈격전지〉란 시를 써서 동아문학상에 응모했다. 그리고 마침내 제4회 동아문학상 시부문을 수상했다. 한 학생이 소설부와 시부를 다 수상한 예가 그때까지는 없었다.

참 신기하게도 말부터 앞세우는 그 고약한 버릇은 내가 환갑이 지난 지금도 못 고쳤으니, 나는 아무래도 제대로 된 사내는 못될

뿐 아니라 진정한 효자는 아니지 싶다.

그런데 참 묘한 것은 이날까지 나는 말을 하여 밥을 먹고 살았다는 사실이다. 대학을 졸업하기 전부터 중학교 국어 선생을 시작한 이래로, 서울로 상경하여 고등학교 국어 선생을 하였고, 나중에는 서울예술신학교 문예창작과 교수를 하였고, 경기대학교 사회교육원의 결혼정보관리사 과정 주임교수가 되어 학생들을 가르쳤다. 그 밖에도 수많은 기업체나 단체에 가서 특강을 하였다.

거기다가 나는 방송활동도 많이 하였다. 내가 그동안 했던 방송활동을 대충 정리하면 다음과 같다.

1. KBS TV 조병상 PD의 제안으로 「비지니스맨 시대」의 진행을 맡음
2. C TV 채널 23번 "DSN"의 1시간짜리 간판 프로 「영재교실」 MC
3. KBS FM 이숙영 아나운서가 진행하던 인기 프로 「FM대행진」 중에 〈송현 칼럼〉을 개설하여 '여의도 광장 살인 질주'한 김대두를 옹호는 발언으로 물의를 일으켜 사흘 만에 잘림
4. 라디오 이숙영 아나운서가 진행하는 「오후의 한나절」 〈송현 사랑학 개론〉을 개설하여 3회째 '소리 내고 먹으면 더 맛있다'는 야한 이야기를 하여 잘림
5. KBS 라디오에 「송현 인생 칼럼」을 진행함

6. KBS 라디오에 송승환 씨와 함께 「행복을 만드는 집」 진행

7. SBS 라디오에 「송현 인생상담」 진행

8. 불교 TV 「송현 시인의 행복 발견」 6개월 특강

9. 불교 TV에 「송현 시인의 행복 발견」 6개월 연장

10. 불교 TV에 「송현 시인의 지혜발견」 6개월 특강

말 때문에 걸핏하면 어머니에게 회초리를 얻어맞은 애가 어른이 되어서 말하는 것이 장기가 되고 직업이 되다니 너무나 뜻밖이고 아이러니가 아닐 수 없다. 나로서도 좀처럼 믿어지지 않는다.

"세상 사람들 자기 일 바빠서 아무도 니 바지가랭이에 관심 없다."

시골 우리집에는 어머니가 시집 올 때 가지고 왔다는 재봉틀이 있었다. 나는 중학교 1학년 때부터 그 재봉틀을 이용해서 내 교복 바짓가랑이를 일주일마다 줄였다 넓혔다를 내 마음대로 했다.

그만큼 나는 어릴 때부터 패션에 아주 민감했고 손재주도 좀 있었던 편이었다. 내 동무들보다는 감각이 훨씬 예민하고 엄청 까다로웠다. 다른 중학생들은 아무도 나만치 까다롭지도 않았고, 나만치 신경을 쓰는 애도 눈 닦고 봐도 없었다. 그런데 나는 오히려 학과 공부보다도 패션에 더 신경을 썼던 것이다.

일주일 내내 부산 자취방에서 자취를 하면서 중학교를 다녔다. 주말이면 고향집에 돌아온다. 토요일 저녁을 자고 다음날 일요일 점심때면 한 주일간 먹을 쌀과 밥을 할 숯과 반찬 따위를 보따리 보따리 싸서 등에 지고 손에 들고 부산 자취방으로 가서 다시 한

주일을 살곤 했다.

그런데 주말마다 고향집에 가면, 나의 제일 관심사는 어머니 몰래 바짓가랑이를 줄이거나 손보는 일이었다. 줄자도 없고 분필도 없으니 대충 눈짐작으로 길이와 폭을 정해서 재봉틀 위에 올리고는 주루루 박곤 했다.

중학생의 눈짐작으로 하는 바짓가랑이 수선이라 정확할 턱이 없었다. 그야말로 대충하였다. 특히 오른쪽 가랑이는 내 마음에 드는데 왼쪽 가랑이는 조금 좁을 경우라거나 이 반대의 경우에는 그야말로 엄청 스트레스를 받았다. 한쪽이 마음에 들지 않는 바지를 입고 일주일 동안 학교에 다닌다는 것은 여간 큰 스트레스가 아니었다.

우리집에 아무도 나처럼 패션에 민감한 분이 없었다. 우리 아버지도 평범한 시골 아저씨였고, 어머니도 패션 따위에 신경을 쓸 만큼 한가하지가 않았다. 두 누나도 그런 데에 신경을 쓸 만큼 시골 우리집 형편이 그리 넉넉하지 않았다. 그런데 왜 나만 유독 그리 옷에 신경을 많이 쓰는지 나도 알 수가 없었다. 누구에게 보고 배운 것도 아니고 울 너머로 구경을 한 것도 아니다. 아마 타고난 성격이고 재능이지 싶었다.

가령, 토요일은 오후에 부산 자취방에서 고향집으로 돌아오기 때문에 그때는 어머니가 밭에서 돌아와서 저녁을 준비하려고 분주했다. 그 틈을 타서 내가 재봉틀 앞에 앉는다는 것은 여간 위험한 일이 아니었다. 내가 재봉틀 앞에서 바짓가랑이 손질하는 광경이 어머니 눈에 띄면 대번에 불호령이 떨어지기 때문이다.

"이늠의 자슥! 사내자슥이 옷에 그리도 관심이 많나! 그라모 공부는 언제 하노! 이 멍청한 늠아! 세상 사람들 자기 일 바빠서 아무도 니 바지가랭이에 관심 없다."

나는 바짓가랑이를 빨리 수선하고 싶어서 마음이 급했지만 할 수 없이 다음날을 기약해야 했다. 다음날 즉 일요일 아침이면 어머니는 밭에 나갈 것이고 그 틈에 나는 후닥닥 재봉틀 앞에 앉아서 바짓가랑이를 다시 고칠 수가 있었다.

그런데 일요일이라 해도 더러 운이 좋지 않을 때는 내가 재봉틀 앞에서 바짓가랑이 고치는 것을 어머니에게 들키는 수가 있다. 그럴 때면 어머니가 이렇게 말했다.

"야, 이늠의 자슥아! 세상 사람들이 다 자기 일에 바빠서 아무도 니 바지가랭이에 관심이 없다. 니 바지가랭이가 넓은지 손지(좁다는 경상도 방언) **아무도 관심도 없고, 아무도 모른다. 이 멍청한 늠아!**

나는 중학교 때, 그때는 이 말이 담고 있는 의미가 대단하다는 것을 꿈에도 몰랐다. 그런데 이날까지 살아오면서 어머니가 한 이 말이 내게는 금과옥조 중의 하나가 되었다. 내 삶의 중요한 잣대가 되었다.

내 일상에 사소한 문제로 신경이 쓰일 때나 스트레스를 받아야 할 경우, 이럴까 저럴까 선택의 기로에 서면 어머니가 한 위의 말을 떠올리면 금세 답이 나오고 금세 문제가 풀리고 만다. 그렇다! 세상 사람들은 다 자기 일에 바쁘기 때문에 내 바짓가랑이가 좁은지 넓은지 아무 관심이 없는 것이 맞다.

자기 일에 바쁜 사람들이 내 모자의 색깔이 내 옷과 어울리는지 아무도 관심이 없는 것이 분명하다. 그런데도 내가 그런 사소한 문제로 신경을 쓰고 스트레스를 받는 것이 얼마나 멍청하고 얼마나 어리석은 것인지를 명쾌하게 어머니는 간파한 것이다!

얼마 전에도 무슨 사소한 일로 이럴까, 저럴까 하고 망설였다. 그때 어머니가 했던 말이 떠올랐다.

"세상 사람들이 다 자기 일에 바빠서 아무도 니 일에는 관심이 없다!"

그러자 마치 어머니가 옆에서 나무라나는 것 같은 착각이 들었다. 재빨리 하던 일을 끝내고 자리에서 벌떡 일어났다.

이처럼 나는 일상생활에서 사소한 일로 이렇게 할까 저렇게 할까를 고민할 때는 어머니의 위의 말이 자연스럽게 떠올라서 쉽게 결정을 하는 경우가 많다.

"그렇게 게으르면 빌어먹기 늦었다."

나는 어릴 때 엄청 게을렀다. 아침에 일찍 일어나지 못하는 것부터 시작해서 매사가 빠릿빠릿하지 못하고 늑실늑실 꾸물꾸물 일을 했다. 공부도 그렇게 했고, 노는 것도 대부분 그렇게 했다.

어머니는 그런 나를 볼 때마다 이렇게 말했다.

"이놈의 자슥아! 그렇게 게으르면 빌어먹기 늦었다!"

어떤 때는 끝 구절이 좀 달랐다. 그러나 의미는 마찬가지였다.

"이놈의 자슥아! 그렇게 게으르면 깡통 차기 늦었다."

"빌어먹기 늦었다"와 "깡통 차기 늦었다"는 같은 의미이다. 깡통이란 거지 깡통을 의미하기 때문이다. 그러니 거지되기 늦었다는 말이다.

중학교 2학년 여름 방학 때였을 것이다. 그날은 날씨가 변덕이 심했다. 금세 햇볕이 났다가 금세 구름이 끼곤 했다. 어머니는 밭에 나갈 준비를 다하고는 가덕도 연대봉을 쳐다보면서 내게 말했다.

"쪼매 있다가 햇볕이 나면 저기 저 소쿠리에 들어있는 고추를 좀 햇볕에 말려라!"

그때는 집에 라디오도 없었고 신문도 보지 않았기 때문에 일기 예보는 구경도 할 수가 없었다. 그런데 우리 아버지나 어머니는 가덕도 연대봉 위에 걸린 구름의 정도를 보고 날씨를 용하게도 알아 맞히었다.

나는 큰 소리로 대답을 했다.

"예!"

대답은 찰떡같이 잘했다. 그런데 딴짓하고 노느라 햇볕이 나면 고추를 말려야 하는 것을 깜빡 잊고 말았다. 해질녘에 밭에서 돌아온 어머니가 말했다.

"고추 말려서 도로 담아 뒀나?"

그제사 나는 앞이 캄캄했다. 대답을 선뜻 못하고 쭈뼛쭈뼛하자 어머니는 금방 눈치를 챘다.

"와아 대답이 없노?"

나는 어머니가 무서워서 깜빡 잊었다고 대답을 할 수가 없었다. 아니나 다를까 어머니는 갑자기 벼락이 되고 말았다. 눈에 보이는 대빗자루를 잡고 내게로 와서 사정이 없이 장딴지를 때리면서 말했다.

나는 아프단 말도 못하면서 대빗자루 세례를 받았다. 어머니는 내가 게으름을 피울 때면 언제나 똑같이 나무랐다.

"그렇게 게으르면 빌어먹기 늦었다. 이놈아!"

고등학교 1학년 땐가 여름 방학이 되어 시골집으로 갔다. 집의 텃밭을 갈아엎어서 새로이 무슨 모종을 심을 일이 생겼다. 어느 날 아침에 어머니가 내게 애원조로 말했다.

"니가 오늘 나를 좀 도와야 할 것이 있다."

내가 말했다.

"뭡니까?"

"집 뒤 텃밭을 갈아엎는 일이다. 삽으로 쉬엄쉬엄 하면 오늘 한 나절이면 끝이 날 것 같다. 니가 좀 도와다오!"

내가 대답했다.

"그런 쉬운 일이라면 지금 당장 시작하겠습니다."

나는 자리에서 벌떡 일어나서 삽을 찾아 들고 집 뒤 텃밭으로 갔다. 학교 교실 넓이 보다 조금 더 크지 싶은 면적이었다. 내가 큰소리를 쳤다.

"이 정도면 금방 다 할 수 있을 것입니다!"

어머니가 말했다.

"그래 니가 오늘 수고 좀 해라. 그라면 니만 믿고 내는 등 너머 밭에 일하러 간다."

"예, 이 일은 아무 염려 말고 잘 다녀오십시오."

나는 어머니가 집을 나가는 것을 보고 다시 삽질을 시작했다. 한 오 분가량 하니 이마에서 땀이 나기 시작했다. 마침내는 겨드랑이에서도 땀이 나고, 등에서도 땀이 나기 시작했다. 온몸이 끕끕해서 견딜 수가 없었다. 나는 우물가에 가서 우선 세수라도 좀 하면 한결 나을 것 같았다. 그래서 삽질을 멈추고 우물가로 갔다.

세수를 하다 보니 아예 등물을 치고 싶었다. 그래서 아무도 없는 집에서 나 혼자라 옷을 훌렁 벗었다. 그리고는 우물에서 물을 길러서 온몸에 찬물을 끼얹었다. 그러자 정신이 번쩍 들었다. 벌거벗은 채로 안방으로 와서 몸을 닦고 옷을 입었다.

잠시 눕고 싶었다. 마루 귀퉁이에 큰대자로 누웠다. 그런데 나도 몰래 금세 잠이 들고 말았다. 잠시 한숨 잠을 잔 것이 아니라 곤히 깊은 잠에 빠지고 말았다. 간밤에 잠을 잘 못자지도 않았는데, 아침을 많이 먹은 탓인지 아주 깊은 잠을 자고 말았다. 다시 눈을 떴을 때는 해가 다 져가고 있었다. 나는 후닥닥 일어나서 집 뒤로 갔다.

삽을 들고 땅을 뒤집어 파기 시작했다. 마음이 급하니 일이 더 힘이 드는 것 같았다. 천천히 할 때는 별일도 아니었는데 서둘러서 하니까 그리 만만치가 않았다. 단순한 것이라서 쉽게 생각하고 덤볐는데 그것도 계속 하니 온몸에 땀이 나고 팔도 아프고 허리도 아프고 목도 아파왔다. 그래도 조금도 쉬지 않고 삽질을 계속했다. 그런데 희한하게도 마음만 급했지 작업 능률은 그리 오르지가 않았다.

저녁때가 되었을 때 어머니가 그날따라 좀 일찍 집으로 왔다. 나는 어머니 오는 것도 모르고 삽질을 계속했었다. 어머니가 집 뒤 텃밭으로 왔다. 어머니는 내가 그동안 한 작업량을 보고 어처구니 없다는 듯이 말했다.

"아니, 겨우 이 정도 밖에 안 했어?"

나는 놀라서 허리를 펴고 고개 들어 소리 나는 쪽을 쳐다보았다. 거기 어머니가 작업 감독처럼 서 있었다. 어머니의 표정은 굳어 있었다. 나는 앞이 캄캄했다. 그때 어머니가 탄식하듯 말했다.

"그렇게 게으르면 빌어먹기 늦었다. 이놈아!"

나는 고개를 들지 못하였다. 죄인처럼 그 자리에 서 있었다. 이 날까지 살면서 나는 게으름을 피울 때면 어머니가 한 말이 항상 떠오른다. 그때마다 입가에 빙그레 미소를 지으면서 마음을 가다듬는다.

"니보다 못난 놈과 놀지 말고 니보다 잘난 놈과 놀아라."

우리 마을은 낙동강 하류와 남해 바다가 맞닿은 곳에 있는 평야라서 땅이 기름지고 농작물이 잘 자랐다. 그래 그런지 마을 인심도 좋았다.

우리 마을에는 한 7-80 가호가 있었다. 온 동네 사람들이 다 친척처럼 사이좋게 지냈다. 그래서 관혼상례 때나 무슨 일이 생기면 다들 팔을 걷어붙이고 서로를 돕곤 했다.

특히 사람들이 많이 모이는 자리는 마을 사람 장례식 때나 혼례식 때이다. 그런 날이면 마을 장정들이 천막부터 치고 마당 한 귀퉁이에는 큰 가마솥을 걸었다.

어떤 경우에는 이집 저집 사람들이 가서 상을 빌려오곤 했다. 한꺼번에 수십 수백 명의 사람들이 이웃 동네에서까지 몰려오기 때문에 작은 술상이 여러 개 필요했다. 그러니 마을을 다니면서 상을 빌려와야만 대사를 치를 수가 있었다.

그런 자리에는 의례 여기저기 술판이 벌어졌다. 우리 아버지는 술을 아주 좋아했다. 지금 생각해보면 불행한 시대에 태어난 아버지는 당신의 청운의 큰 뜻을 이루지 못한 탓에 속에 수많은 울분이 쌓여 있었던 것 같다. 그래 그런지 아버지는 술만 마시면 세상을 비관하고 정치를 비판하고 정치가들 욕을 했다.

그런데 아버지는 우리 동네에서 가장 유식한 축에 들었다. 톨스토이도 알고, 후쿠자와 유기치도 잘 알고, 도쿠가와 이에야스도 잘 알고, 칸트도 알고, 흥선 대원군에 대해서도 잘 알았다.

거기다가 바이올린을 독습하여 혼자서 웬만한 것은 연주도 하였다. 연극 대본도 쓰고 극단을 만들어 순회 계몽 공연을 주도하기도 했다. 이런 정도로 박식한 사람은 우리 동네는 우리 아버지 말고는 없었지 싶다.

아는 게 많은 우리 아버지가 한번 입을 열면 그야말로 청산유수였다. 시골 사람들은 우리 아버지 입에서 끝없이 쏟아져 나오는 유식한 이야기를 듣기 좋아했다. 뿐만 아니라 동네 사람들의 억울한 고소장도 대서해주고, 상을 당하면 상여 앞에 서는 깃발의 멋진 글귀를 일필휘지로 갈겨썼다. 물론 만장도 썼다.

그런데 우리 어머니는 이 대목에서 아주 생각이 달랐다. 내가 어쩌다 나보다 작은 애들과 모여서 놀 때 어머니가 이를 보면 눈을 부릅뜨고 나를 나무랐다.

"야, 이늠아! 니는 와 그리 니보다 작은 얼라들하고 노나! 니보다 큰늠 니보다 잘난 늠하고 놀아라! 그래야 뭐를 배워도 배울 것 아닌가!"

그리고 한 마디를 반드시 덧 붙였다.

"니보다 잘난 늠 밑에 가야 심부름을 하더라고 한 수 배울 게 있을 것 아녀! 니보다 못난 늠 모아놓고 골목대장하면 니가 배울 게 하나도 없단 말이다!"

나는 명지 초등학교를 졸업할 때까지 이 말을 수도 없이 들었다. 시골 사정이 맨날 나보다 큰놈과 놀 수가 있는 것이 아니다. 더러 나보다 잔챙이 하고 놀 수도 있다. 그런데 그것을 우리 어머니는 단 한 번도 용납하지 않았다. 나보다 어린애들이나 고만고만한 애들과 놀면 반드시 어머니는 고함을 쳤다.

"야, 이늠아! 니는 와 그리 니보다 작은 얼라들하고 노나! 니보다 큰늠 니보다 잘난 늠하고 놀아라! 그래야 뭐를 배워도 배울 것 아닌가!
니보다 잘난 늠 밑에 가야 심부름을 하더라고 한 수 배울 게 있을 것 아녀! 니보다 못난 늠 모아놓고 골목대장하면 니가 배울 게 하나도 없단 말이다!"

이런 어머니의 교육의 효과가 마침내 대학에 입학한 뒤에 나타났다. 나는 나와 같은 신입생들과 잘 놀지 않았다. 대학에 입학하자마자 '흰돌'이란 문학 동인에 가입하였다.

거기에는 국문과 학생만 있는 게 아니고 법학과 학생도 있었고, 상과학생도 있었고, 영문과 학생도 있었다. 이들은 다 나보다 선배였다. 나는 나보다 선배들과 놀았다. 그럴 때마다 나는 어머니가 했던 말을 떠올렸다.

"야, 이놈아! 니는 와 그리 니보다 작은 얼라들하고 노나! 니보다 큰놈 니보다 잘난 놈하고 놀아라! 그래야 뭐를 배워도 배울 것 아닌가!

니보다 잘난 놈 밑에 가야 심부름을 하더라고 한 수 배울 게 있을 것 아녀! 니보다 못난 놈 모아놓고 골목대장하면 니가 배울 게 하나도 없단 말이다!"

이런 나의 교재 방식은 내가 성장하는데 적지 않은 도움을 주었다. 나보다 덩치도 크고 나이도 많고 아는 것도 많은 선배들과 매일 어울려 놀았으니 내 또래의 동무들과 노는 애들보다는 생각하는 것이나 행동하는 것이 아무래도 적지 않은 차이가 나는 것 같았다.

대학 입학을 전후해서 나의 정신적 스승 함석헌 선생을 만난 이래로 이십여 년 이상 선생님을 따라 다녔다. 부산에서 중학교 국어 선생을 할 때는 송도복음병원 원장 사택에서 장기려 박사님의 성경모임에 나갔다.

상경한 이후 한글기계화의 아버지 공병우 박사를 만난 이래로 학교에 사표를 내고 공병우 박사의 한글기계화연구소로 갔다. 이십여 년간 공 박사님을 따라 다녔다. 그러다 보니 잔챙이들 하고 만나서 콩이야 팔이야 할 시간이 별로 없었다.

며칠 전에 한글학회에서 편집회의를 마치고 김종택 회장님과 직원들과 함께 점심을 먹었다. 그 자리에서 내가 말했다.

"저는 젊은 날에 함석헌 선생을 만나서 이십여 년간 따라다니면서 쫄병 노릇을 하였고, 동시대에 공병우 박사님을 만나서 이십 이 년간 따라다니면서 쫄병 노릇을 하였습니다. 이제 쫄병은 졸업할 나이가 되었지 싶은데 난데없이 김종택 회장님을 오 년 전에 만나서 오 년째 쫄병 노릇을 하고 있습니다. 그러고 보니 저는 평생 쫄병 노릇할 팔자인가 봅니다!"

그러자 김종택 회장님께서 말했다.

"시끄럽다! 송현 선생이 와아 내 쫄병이고?"

사람들이 다들 크게 웃었다. 나도 웃고, 김종택 회장님도 웃었다.

웃음이 그치자 나는 한 마디 덧붙였다.

"제가 이렇게 삶 전체를 쫄병 노릇하는 데는 깊은 사연이 있습니다. 그것은 우리 어머니의 교육철학 때문입니다. 초등학교 문 앞에도 못 가본 우리 어머니는 어릴 때 저에게 항상 이렇게 말했습니다.

"야, 이놈아! 니는 와 그리 니보다 작은 얼라들하고 노나! 니보다 큰놈 니보다 잘난 놈하고 놀아라! 그래야 뭐를 배워도 배울 것 아닌가!
니보다 잘난 놈 밑에 가야 심부름을 하더라고 한 수 배울 게 있을 것 아녀! 니보다 못난 놈 모아놓고 골목대장하면 니가 배울 게 하나도 없단 말이다!"

그러자 좌중들이 다들 한마디 했다.
"와아, 어머님이 아주 대단한 분이시군요!"
"역시 송현 선생 어머니는 다른 분이시네요!"
"과연 대단한 어머니십니다!"

"시끄럽다,
다시는 그딴 소리 하지 마라!"

나는 살아오면서 이따금 이런 생각을 할 때가 많았다.

우리 어머니가 젊었을 때, 이 땅에 여성법률상담소나 여성인권운동단체가 없었던 것을 천만 다행으로 생각한다. 그때 만약 우리 어머니가 그런 데를 찾아가서 아버지의 주벽을 낱낱이 까발려서 외고 불고 하였더라면 상담원 백이면 백 다 이렇게 말하였을 것이다.

"아니, 이렇게 젊고 외모도 뛰어나신 분이 어떻게 그런 남자와 삽니까! 하루가 지옥 같지 않아요? 당신의 앞날이 창창한데, 지금 당장 이혼하고 새로운 삶을 시작하는 게 현명하겠습니다."

만약 이런 조언을 듣고 우리 어머니가 이혼을 하였다면 어찌 되었을까? 아마 좋은 남자 만나서 당신 한 몸은 행복하게 살았을지 모른다.

만약 그랬더라면, 불쌍한 우리 아버지는 어찌되었을까? 모르긴

해도, 그날로 자포자기해서 온종일 술만 퍼마시고 완전히 폐인이 되어 마침내 당신 명대로 못 사셨을 것이다. 그뿐인가? 우리 남매들은 어찌 되었을까! 뿔뿔이 흩어져 하나는 이 고아원, 하나는 저 고아원으로 흩어지고 말았을 것이다.

그랬더라면 아마 나는 일찍이 소년원 신세를 졌을지 모르고, 그랬다면 지금쯤은 별이 주렁주렁한 역전의 용사(?)가 되어 있을 것이 분명하다. 어쩌면 나는 우리를 버리고 떠난 비정한 어머니를 찾아서 복수를 하겠다고 밤마다 비수를 갈았을지 모른다.

언젠가 밤새 이런 생각을 하고 아침에 눈을 뜨자마자, 어머니 생각이 나서 어머니에게 전화를 하였다. 마침 어머니가 전화를 받았다. 그때는 어머니가 살아 계실 때이다.

"야야, 우짠 일로 전화했노?"

어머니의 목소리는 수화기 저쪽에서 오늘 따라 매우 힘이 없어 보였다. 나는 어머니의 가는 목소리에 가슴이 철렁했다. 무슨 일이 생긴 걸까?

"어머니, 별고 없으십니까?"

"오냐, 나는 잘 있다, 니는 어떠노? 아이들도 잘 있지? 집에 별일 없나?"

내가 쭈뼛쭈뼛하자 어머니는 아무래도 좀 이상하게 생각이 되었는지 내게 말했다.

"무슨 일이고? 할 말 있으면 해라!"

그제야 나는 어머니에게 말을 했다.

"어머니, 우리 가정이 지금까지 지켜온 것은 어머니의 무한대에 가까운 희생 때문이라고 생각합니다. 만약 어머니의 무한대의 희생이 아니었다면 우리 가정은 지켜지지 않았을 것이며, 저는 이마에 별이 주렁주렁 달린 전과자가 되었을 것입니다. 어머니 감사합니다!"

그러자 어머니가 말했다.

"시끄럽다! 씰데 없는 소리 하지 마라. 다시는 그딴 소리 하지 마라!"

나는 어머니의 단호한 태도에 대해서 더 이상 뭐라고 토를 달 수가 없었다. 어머니의 태도는 너무나 단호했다. 당신의 희생에 대해서 조금도 생색을 내거나 입 밖에 꺼낼 생각이 눈곱만큼도 없는 사람 같았다.

나는 언젠가 「그리운 어머니」란 텔레비전 프로에 이어령 선생이 나와, 당신 어머니 이야기를 하면서 눈물을 닦는 모습을 보았다. 그때 나도 덩달아 눈물을 닦았다. 남의 어머니 이야기를 들으면서 내 어머니 생각이 나서, 말하는 장본인보다 내가 더 많은 눈물을 흘린 적이 한두 번이 아니다.

내가 가수 태진아와 함께 KBS TV 「아침 만들기」라는 생방송 프로에 나갔을 때다. 방송 끝 무렵에 태진아가 〈사모곡〉이란 노래를 불렀다. 천만다행으로 시간이 모자라 끝까지 부르지 않았기에 망정이지 만약 그 노래를 끝까지 불렀다면 나는 틀림없이 바보처럼 눈물을 주룩주룩 흘리면서 여러 사람 민망하게 했을지 모른다.

그뿐 아니다. 나는 길가다가도 일이 분정도만 어머니 생각을 하면, 목이 메어 코를 훌쩍이고, 이따금 강의를 할 때도 어머니 이야기만 했다 하면, 금세 목이 메어 듣는 이를 민망하게 한 적이 한두 번이 아니다.

그렇다. 우리 가정은 어머니의 무한대의 희생 위에서 지켜진 것이다. 만약 어머니가 무한대의 희생을 치르지 않았다면 우리 가정은 벌써 풍비박산이 되었을 것이고, 나는 이 고아원 저 고아원을 전전하면서 온갖 나쁜 생각만 다 하는 패륜아가 되고 말았을 것이다.

이런 생각을 하면 나는 입이 열이라도 아무 할 말이 없다. 내가 어머니 유골 상자를 머리맡에 두고 사는 것도 이런 어머니의 무한대의 희생을 잊지 않기 위함이다.

"뼛골 빠지게 농사 안 짓는 지금 니가 더 좋다."

어머니가 치매에 걸리기 전까지는 부산에서 혼자 살았다. 그 무렵 내가 텔레비전에 출연할 일이 자주 있었다. 내가 텔레비전에 나온다는 것을 다른 사람들에게 자랑하지는 않았지만 가능하면 어머니에게는 자랑을 하고 싶었다. 그래서 어머니에게 전화를 걸었다.

"어머니, 제가 아무 날 아무 시에 무슨 텔리비전에 나올 겁니다."

"무슨 방송이고?"

"케이 비 에스입니다."

"멧 번고?"

"9번입니다, 9번!"

전화 한 김에 간단히 고향 소식도 묻고 어머니 건강도 어떤지 물어보고 나서 전화를 끊으려면 어김없이 어머니가 다시 말씀하셨다.

"야야, 니가 멧 번에 나온다켔노? 멧 번?"

두 번 세 번을 되묻고 할 때마다 이제 어머니가 많이 늙으셨구나 싶어 마음이 아팠다.

생방송을 마치고 잠시 짬을 내어 어머니에게 전화를 한다.

“어머니, 방송 잘 보셨어요?”

“오야, 잘 봤다.”

“어머니 미안합니다.”

“그게 무슨 말고?”

내 딴에는 정색을 하고 말을 했다.

“어머니, 저를 중학교만 시켰으면 농사지으면서 어머니 모시고 살면 좋았을 걸 그랬어요. 그랬다면, 아침저녁으로 어머니 다리도 주물러 드리고, 또 연속극도 같이 보면서, 농사짓고 살면 얼마나 좋겠어요. 없는 돈에 소 팔고 논 팔아 대학 공부를 시켜 놓으니, 제 일 욕심에, 제 살기 바빠서 어머니를 편히 모시지도 못하고 정말 불효가 큽니다.”

그러면 어머니의 대답은 단호했다.

“시끄럽다, 니 지금 무신 소리 하노! 니가 지게 지면서 빽골 빠지게 농사짓는 꼬라지 나는 못 본다. 절대로 니가 농사짓는 꼴은 못 본다! 나는 니가 농사지으면서 내 다리 주물러 주는 것보다, 지금의 니가 더 좋다. 이 에미 걱정은 조금도 하지 마라.”

어머니는 소도 팔고 논도 팔아서 나를 대학까지 보낸 것은 "뼛골 빠지게 농사 안 짓게 하려고"였다. 어머니는 일생 동안 농사를 지었다. 그러니 농부의 삶이 얼마나 힘들고 고달픈지 잘 알았다. 그리고 농부의 삶이 얼마나 고된 노동의 연속인지도 잘 알았다. 그리고 농부의 삶이 얼마나 궁핍한지도 잘 알았다.

그래서 어머니는 이대 독자인 나 하나는 절대로 농부를 만들지 않으려고 대학을 보낸 것이다. 이대 독자인 나를 농사꾼 만들지 않기 위해서 문전옥답까지 팔아서 대학 공부를 시킨 것이다.

어머니의 말은 늘 되풀이 한 말이지만 언제나 단호했다. 그래 그런지 나는 들을 때마다 마음이 아팠다.

"시끄럽다, 니 지금 무신 소리 하노! 니가 지게 지면서 뼛골 빠지게 농사짓는 꼬라지 나는 못 본다. 절대로 니가 농사짓는 꼴은 못 본다! 나는 니가 농사지으면서 내 다리 주물러 주는 것보다, 지금의 니가 더 좋다. 이 에미 걱정은 조금도 하지 마라."

얼마나 농사짓는 것이 힘이 들었으면 저런 말을 하였을까? 얼마나 농사짓는 일이 고달팠으면 저런 뼈 있는 말을 할까? 농사짓는 일이 얼마나 궁핍했으면 저란 가슴 아픈 말을 하였을까?

적지 않은 사람들이 귀농 운운한다. 이런 분들 중에는 착각을 해도 너무나 큰 착각을 하는 분들이 있다. 농사짓는 일이 그림처럼 목가적인 줄 안다. 그런데 농촌의 실상을 알고 보면 그렇게 목가적이지 않다. 너무나 힘이 들고 너무나 궁핍하다. 그리고 너무나 단조롭다.

많은 사람들이 귀농을 꿈꾸는데, 이들 중에 거의 대부분은 다 후회를 하고 돌아설 것이라고 본다. 농사를 아무나 짓는 것이 아니다! 낫 놓고 기역자도 모르는 일자무식이라면 몰라도, 더하기 빼기만 제대로 할 줄 아는 사람이라면 농사지으려고 하지 않을 것이다.

이런 면에서 내가 한 말들은 얼마나 공허한 말인가!

"어머니, 저를 중학교만 시켰으면 농사지으면서 어머니 모시고 살면 좋았을 걸 그랬어요. 그랬다면, 아침저녁으로 어머니 다리도 주물러 드리고, 연속극도 같이 보면서, 농사짓고 살면 얼마나 좋겠어요. 없는 돈에 소 팔고 논 팔아 대학 공부를 시켜 놓으니, 제 일 욕심에, 제 살기 바빠서 어머니를 편히 모시지도 못하고 정말 불효가 큽니다."

전화를 끊고 나면 목이 메곤 했다. 우리 어머니는 일생동안 오직 하나밖에 아무 것도 소중한 것이 없었다. 자식이 뼈 빠지게 농사짓는 농사꾼이 되지 않게 하려는 일념뿐이었다. 그래서 당신의 삶은 아무데서도 찾을 수가 없고, 오직 자식 밖에 없었던 삶을 살았던 것이다.

내가 서 있는 이 자리는 우리 어머니의 한없는 희생 위에 구축된 것이라 생각하면 아무 할 말이 없고 단지 목부터 메인다.

"애비야, 집에 가서 같이 살면 안 되냐?"

김인육 시인이 쓴 〈후레자식〉이란 시를 감상하기로 한다. 먼지 시부터 소개한다.

후레자식

- 김인육

고향집에 더는 홀로 살지 못하게 된
여든 넷, 치매 앓는 노모를
집 가까운 요양원으로 보낸다.
시설도 좋고, 친구도 많고
거기가 외려 어머니 치매에도 도움이 돼요.
1년도 못가 두 손 든 아내는

빛 좋은 개살구들을 골라
여기저기 때깔 좋게 늘어놓는다.
실은 늙은이 냄새, 오줌 지린내가 역겨워서고
외며느리 병수발이 넌덜머리가 나서인데
버럭 고함질러 보긴 하지만,
나 역시 별 수 없어
끝내 어머니를 적소로 등 떠민다.
애비야, 집에 가서 같이 살면 안 되냐?
어머니, 이곳이 집보다 더 좋은 곳이에요.
나는 껍질도 안 깐 거짓말을
어머니에게 쌩으로 먹이고는
언젠가 나까지 버릴지 모를
두려운 가족의 품으로 허겁지겁 돌아온다.
고려장이 별거냐
제 자식 지척에 두고 늙고 병든 것끼리 쓸리어
못 죽고 사는 내 신세가 고려장이지.
어머니의 정신 맑은 몇가닥 말씀에
폐부에 찔린 나는 병든 개처럼 허정거리며
21세기 막된 고려인의 집으로 돌아온다
천하에 몹쓸 후레자식이 되어
퉤퉤, 돼먹지 못한 개살구가 되어

나는 이혼 하고 마누라 없이 서울 성내동에서 살 때 치매 어머니를 2년 동안 모셨다. 나는 그때 어머니를 요양원에 보낼 돈도 없었다. 그러니 어머니를 요양원에 안 보냈다 뿐이지 나 역시 위 시의 지적처럼 후레자식이었다.

그냥 후레자식이 아니라 순후레자식이었다. 그래 그런지 나는 언제고 어디서고 간에 어머니 이야기만 나오면 목부터 메이고 눈물부터 나온다.

나는 어머니를 공원묘지나 고향 선산에 모시지 않고, 내 머리맡에 모셨다. 내 머리맡에 어머니 유골상자를 두고 매일 함께 산다. 우리 아이들에게 진작 부탁을 했다.

"애들아, 내가 죽으면 이 비좁은 땅에 절대로 묻지 말고 반드시 화장을 해서 뼛가루를 우리 어머니 유골과 함께 낙동강에 뿌려야 한다.

혹시 내가 늙어서 '양지바른 선산이나 공원묘지에 묻어 달라'고 하더라고 겉으로는 '예!'하고 실제로는 절대로 그딴 짓거리 하지 말거라. 그때는 내 정신이 온전하지 못할 때 판단으로 하는 소리니 그걸 따르지 말고 지금 내 정신이 온전할 때 부탁한 이 말대로 하길 바란다."

어머니 앞에서 입이 열개가 있어도 단 한 마디도 변명할 할 말이 없는 죄인이고, 죄인 중에서도 무기수이다.

"시설도 좋고, 친구도 많고 거기가 외려 어머니 치매에도 도움이 돼요."

아, 이 얼마나 기막힌 거짓말인가! 나도 아마 요양원에 어머니를 보낼 처지였다면 틀림없이 이딴 거짓말을 했을 것이다. 아니, 나는 이보다 더한 거짓말도 했을 것이다. 아니, 어쩌면 어머니를 요양원에 안 가면 안 된다고 윽박질렀을지도 모른다. 아까부터 나오던 눈물이 이제 더 많이 쏟아진다.

"1년도 못가 두 손 든 아내는 빛 좋은 개살구들을 골라 여기저기 때깔 좋게 늘어놓는다.

실은 늙은이 냄새, 오줌 지린내가 역겨워서고 며느리 병수발이 넌덜머리가 나서인데"

아니다! 치매 시부모를 모시는 아내는 무조건 무죄이다! 무죄가 아니라 표창을 해야 한다.

온 동네에서 표장을 해야 하고 나라에서도 표창을 해야 한다. 그러니 치매 시부모를 모시는 며느리에게는 국가에서 매달 백만 원씩 위로금을 지급해야 한다. 제 어머니 모시는 것도 쉽지가 않은데 친어머니도 아닌 시어머니를 모시는 며느리는 매월 국가가 용돈도 주고, 표창도 해야 한다.

시부모에게 잘하는 며느리들 앞에 나는 숙연히 엎드려 절하지 않을 수 없다. 내가 우리 어머니 치매를 뒷바라지 할 때 나는 아내가 없었다. 내 말을 믿지 않을지 모르지만 그때 나는 아내가 없는 것을 하늘에 감사했다. 만약 아내가 있었더라면 돌아버렸거나 가출하고 말았을 것이다.

"버럭 고함질러 보긴 하지만, 나 역시 별 수 없어 끝내 어머니를 적소로 등 떠민다."

나도 그랬을 것이다. 나도 별수 없이 어머니를 적소로 보냈을 것이다. 그런데 나는 요양원에 보낼 돈이 없어서 집에 모셨다. 그렇지만 이제 생각하니 그게 차라리 잘한 것 같기도 하다는 못난 생각을 한다. 아니, 이런 생각을 하는 것을 보면 내가 얼마나 모자라고 못난 인간인가를 새삼 인정하지 않을 수 없다.

"애비야, 집에 가서 같이 살면 안 되냐?"

아니, 세상에 이런 기막힌 절규가 또 어디 있을까! 이 한마디는 어머니가 여든네 해 동안 살아오면서 했던 그 어떤 말보다 더 절박하고 더 처절한 말이지 싶다. 아니, 세상에 사람이 할 수 있는 말 중에 이보다 더 절절하고, 이보다 더 쓸쓸하고, 이보다 더 외롭고, 이보다 더 비참하고, 이보다 더 눈물 나는 말이 어디 있을까? 나는 지금 엉엉 소리 내어 울면서 이 글을 쓴다. 옷자락으로 눈물을 닦으면서 이 글을 이어간다.

그러니 어머니를 요양원에 안 보내고 함께 사는 분들은 지금 여기가 바로 천국이다. 그것은 어머니가 함께 계시기 때문이다. 내 생각에 어머니가 계시면 거기가 어디든 간에, 거기가 아무리 살기 힘든 곳이라도, 거기가 천국이라 생각한다.

"애비야! 집에 가서 같이 살면 안 되냐?"

이 말을 하는 어머니는 어떤 심정일까? 핏덩이 나아서 금이야 옥이야 키웠더니 겨우 "애비야, 집에 가서 같이 살면 안 되냐?"라는 피맺힌 절규를 기어이 뱉어야 하는 자신의 신세를 얼마나 통탄하였을까! 이 세상은 부처님 말씀대로 그야말로 고해가 맞나보다.

"어머니, 이곳이 집보다 더 좋은 곳이에요. 나는 껍질도 안 깐 거짓말을 어머니에게 쌩으로 먹이고는

언젠가 나까지 버릴지 모를 두려운 가족의 품으로 허겁지겁 돌아온다"

그렇다. 이 말은 거짓말이다. 껍질도 안 깐 거짓말이다. 자식이 병들고 늙은 어머니에게 껍질도 안 깐 거짓말을 쌩으로 먹이면서 돌아오는 그 신세는 또 얼마나 처량하고 얼마나 비참할까? 어머니를 적소에 두고 혼자 고아가 되어 돌아오는 것이다. 그 심정 나는 다 안다!

"고려장이 별거냐 제 자식 지척에 두고 늙고 병든 것끼리 쓸리어 못 죽고 사는 내신세가 고려장이지."

그래, 어머니를 요양원에 보낸 것이 바로 현대판 고려장이다! 그래서 사실은 치매를 국가가 관리해야 하는 것이다.

아니 이 땅의 정치가들이 이런 절절한 경험이 있는 이들이고, 제대로 된 생각을 하고, 제대로 공부를 한 것들이라면 치매뿐 아니라 노인문제에 대해서 더 깊은 이해를 하고 더 합리적인 정책을 펼쳐야 할 것이다. 이번 선거에서 우리는 제대로 된 사람을 국회로 보내야 한다.

"어머니의 정신 맑은 몇가닥 말씀에 폐부에 찔린 나는 병든 개처럼 허정거리며 21세기 막된 고려인의 집으로 돌아온다"

어머니가 아까 말씀하셨다.

"애비야, 집에 가서 같이 살면 안 되나?"

이 말씀을 할 때 어머니는 본정신이 돌아온 것이다. 이 말은 치매 노인이 한 말이 아니다! 나를 낳고 나를 키우고 나를 이 땅에 살게 해준 어머니가 하신 온전한 제정신으로 하신 이 지상의 마지막 말씀이다.

이 마지막 말씀이 통하지 않는 순간 어머니는 얼마나 슬펐으며 얼마나 막막했을까! 한평생 그 고생을 하면서 키운 자식에게 이 마지막 말이 씨가 먹히지 않음을 알았을 때 어머니는 무슨 생각을 하고 어떤 심정이었을까!

"천하에 몹쓸 후레자식이 되어 퉤퉤, 돼먹지 못한 개살구가 되어"

천하에 몹쓸 후레자식이 맞다. 그냥 도덕적 잣대로 후레자식이라고 규정할 것이 아니라 고려장 현행범으로 즉각 입건하고 구속하여야 한다. 이런 중범은 재판 없이 극형에 처해야 한다. 아아! 나는 이런 면에서 후레자식이 아니라, 벼락이라도 맞고 진작 죽었어야 할 인간 말종이다.

이 시 한편 때문에 나의 불효를 다시 생각하고 내 어리석고 부족함에 발등을 찍지 않을 수 없다. 그래서 이 글을 쓰는 순간 내 눈에는 하염없이 눈물이 쏟아지고 있다. 내가 자주 하던 말이지만 아직도 눈물이 마르지 않았다는 것이 참 다행이라 생각한다. 나도 이 세상에 사는 날까지는 내 속에 눈물이 마르지 않았으면 한다.

내가 만약 눈물까지 메말랐다면 나는 사람이 아닐 것이다. 눈물로 화면이 뿌옇게 보여 여러 번 오타를 고치면서도 지금 내 눈에 흐르는 이 눈물이 아직 이 지상에 내가 살아야 할 이유가 된다고 자위를 한다.

어머니가 살아계신 분들은 지금 당장 전화라도 걸어서 공손한 인사를 드리고 가까운 곳에 계시면 따끈한 만두나 찐빵 아니면 홍시라도 하나 사들고 빨리 귀가하기 바란다.

야생 사자 송현 선생

지여처다 이력서

이름: 송현(본명 秉憲)
호: 무향재(無向齋), 하륜(河輪), 지여처다
혈액형: AB
키: 172센티미터 **몸무게**: 75킬로그램
출생: 부산 사람
부활: 2014년 11월 23일 한글학회 강당에서 초등학교 한자 교육 반대 회의 도중 쓰러져 심장이 멎음. 119로 강북 삼성 병원에 실려가 18분 동안 막힌 혈관을 뚫는 응급 수술에 성공하여 멈추었던 심장이 18분 만에 다시 뛰어 살아났음.

직업명: 시인. 교수. 소설가. 한글기계화연구가. 아동문학가. 한글자형학자. 칼럼니스트. SS이론발명가. 라즈니쉬연구가. 언론인. 스토리테일링 스피치 전문가. 붓다 전문가

별칭: 자유인. 정신적 유목민. 지여처다주의자. 전방위투사
좌우명: 지여처다(지금 이 순간 여기에서, 처음 만날 때처럼 다시 못 볼 것처럼)
병역: 육군 실역필(1973년) 계급 이병 / 군번: 92721XXX
주량: 소주 1병
흡연: 안 함
자녀: 1남 1녀

자격증: 중등학교 2급 정교사 자격증(국어과) 보이스카우트 대장 자격증

존경인물: 라즈니쉬. 함석헌 선생. 공병우 박사. 최현배 박사. 이오덕 선생. 한창기 사장
감명 깊게 읽은 책: 뜻으로 본 한국역사(함석헌 지음)
선호음식: 영동설렁탕. 일지각 짜장면
애창곡: 빛과 그리고 그림자. 당신은 몰라. 상처. 해후 비나리. 실버들
좋아하는 연예인: 조용필. 윤정. 이희복
애장품: 함석헌 선생 글씨 2점. 공병우 박사 침대. 섹스병풍 외
좋아하는 술: 진로 소주
좋아하는 차茶: 커피
좋아하는 간식: 오징어. 쥐포

좋아하는 색깔: 카키색, 베이지색
좋아하는 꽃: 코스모스
좋아하는 강아지: 딱지, 꽁지, 뭉치, 공무

연구소: 130-100 서울 동대문구 장안동 한글문화원
e-메일: nowhss@hanmail.net/ nowhss@naver.com
홈페이지: www.songhyunss.com
휴대전화: 010-2203-9658

현재

한글문화원장
송현 행복대학교 교장
한국SS이론연구소 소장
한국향기명상협회 고문
한국라즈니쉬학회 회장
한글학회 한글새소식 자문위원
무향선원 대표

송현 팬 및 팬클럽 현황

❶ "다음"에 송현 팬클럽 카페(SS이론) 회원 1만 6천여 명
❷ 성인사이트 비엘커뮤니티(www.yesbl.com) 송현 클럽 회원 6천여 명
❸ 한국 SS이론연구소 회원 3천여 명
❹ 네이트 회원(011.017) 5만여 명
❺ SS이론 책 독자 3만 명
합계: 10만 여명(2006. 3월「주간현대」보도 자료)

학력

부산대신중학교 졸업(12회)
부경고등학교 졸업(17회)
동아대학교 국문과 졸업(1969년)
동아대학교 대학원 국문과 수학(1972년)
대원불교대학 졸업(1989년)

대표적 스승

1. 함석헌 선생

– 올바른 삶, 우리나라와 우리 역사에 눈 뜨게 해준 정신적 스승

1) 1960년 무렵 문학청년 시절 부산에서 《죽을 때까지 이 걸음으로》와 《뜻으로 본 한국역사》 등을 전율하면서 읽고 크게 감동을 받고, 정신적 스승으로 모시기로 작정하고, 그 뒤 선생님의 전집 20권 외 모든 저작물을 독파함.
2) 장기려 박사님 주관 아래 부산 송도 복음병원에서 열리던 "부산모임" 모임에 매월 셋째 주 일요일에 참석하여 선생님의 성경 말씀을 온 몸으로 듣고 성경과 하느님의 역사하심을 배움.
3) 1974년 상경하여 서라벌고교 교사 시절에 선생님께서 주관하시던 명동 가톨릭여학생관 성경모임에 매주 출석하여, 성경, 장자, 노자 등의 강의를 경청하면서 선생님의 광대무변한 정신세계와 치열한 역사의식과 내 조국을 사랑하는 것을 배움.
4) 박 정희 유신 독재 시절 선생님께서 3.1 명동 구국선언문 사건으로 투옥되면, 옥사할 것을 각오하시고, 가톨릭여학생관에서 사랑하는 열 명 남짓한 제자들에게 세례를 주는데, 그때 세례를 받음.
5) 선생님의 칠필 글씨 3점과 미공개 사진 몇 점을 가보로 보관 중.
6) 1990년 대원사와 "함석헌 위인전" 집필 계약한 뒤, 3년 뒤에 선생님에 대해서 더 공부를 하고 쓰기로 하고 계약금을 돌려주고, 아직도 쓰지 못함.
7) 국내 최초로 선생님을 시인으로 조명한 《시인 함석헌》을 집필, 명상출판사에서 출간함.

2. 우치무라 간조

– 성경 해석에 대한 새로운 세계와 경지를 가르쳐준 나의 정신적 스승의 스승

1) 존경하는 스승 함석헌 선생의 스승인 우치무라 간조 전집을 독파하고 그의 독창적 성경 해석에 심취하고, 역사, 인생, 문학과 예술 세계에 매료되어 존경하고 그의 정신과 삶을 배움.
2) 우치무라 전집을 머리맡에 두고 애국심과 그리스도 사랑과 인류에 대한 사랑을 배움.

3. 최현배 박사

– 우리말과 글을 사랑하는 것이 애국의 기초임을 일깨워준 한글 사랑의 스승

1) 동아대학교 국문과 초빙교수로 오실 때 박사님의 한글 풀어쓰기와 우리말 사랑 정신 등을 배움.
2) 내 삶에서 한글 사랑과 우리말 사랑을 실천한 것은 모두 최현배 박사님에게서 배운 바임.
3) 박사님께 받은 친필 편지 1통을 가보로 보관하고 있음.(외솔 기념관에 기증할 계획)

4. 공병우 박사

– 한글기계화를 통한 과학적인 삶과 애국을 가르쳐준 한글기계화의 스승

1) 1974년 서라벌고교 교사시절에 공병우 타자기를 구입한 뒤 공 박사를 알게 되어
2) 공병우 박사의 제안으로 "공병우 한글기계화연구소" 부소장으로 가서 한글 기계화와 우리말과 우리글을 사랑하는 것과 나라 사랑 정신 등을 온몸으로 배움.
3) 공병우 타자기주식회사 대표이사가 되어, 공병우 타자기 보급 운동에 힘쓰고
4) 국내 최초로 공병우 한영 타자기를 해외에 수출함.
5) 처음에는 공병우 박사의 제자로 입문하여서 십여 년 열심히 공부한 뒤에는 글자판 투쟁의 동지가 되어 박정희 독재 정권에 목숨을 걸고 글자판 통일 투쟁을 함.
6) 박정희 유신 정권 하에서 민간통일자판을 만들어서 상공부 장관 상대로 행정소송을 함.(유명한 인권 변호사 조영황 변호사가 무료 변론 맡음)
7) 전두환 집권 초기에 포고령 위반으로 10일간 구속 그 뒤 포고령 해제로 풀려남.(10일 구속되어 10킬로그램 빠지는 것을 경험)
8) 주요한 박사와 한글기계화촉진회 공병우 박사와 남북한 글자판통일추진회 등을 만들어서 한글기계 글자판 통일 운동과 자판 싸움을 주도함.
9) 90년대에 미국에 있던 공병우 박사가 경비 전액을 지원하는 조건으로 미국 유학 초청했는데, 국내의 글자판 투쟁을 위해서 사양함.
10) 공 박사 관련 한글 기계화 희귀 자료를 천여 점 소장 하고 있고
11) 공 박사 돌아가신 뒤 서울 장안동에 한글문화원 재건함.
12) 《공병우 위인전》을 집필 출판함(2006년 작은 씨앗 출판사)
13) 공병우 한글기계화박물관 건립을 위해서 동분서주하고 있음.

5. 이오덕 선생

– 내 삶이 묻어나는 살아있는 작품을 쓰도록 일깨워준 아동문학 스승

1) 선생의 《일하는 아이들》외 여러 저작물을 읽고 크게 감동하여 선생님을 존경하던 중
2) 80년대에 선생님께서 경기도 과천으로 오신 뒤에 종종 찾아뵙고, 어린이를 사랑하는 정신과 아동문학의 나아갈 바른 길 등을 배우고 아동문학의 스승으로 모시기로 작정함.
3) 선생께서 창비 아동문고에 내 동시 〈비오는 날〉 등을 추천해주셨고
4) 선생께서 종로서적에서 출간하는 「종울림 소년문고」에 졸작 〈판돌이 특공대〉를 추천하여 주시는 바람에 본격적으로 동화와 동시를 쓰고
4) 선생께서 창립한 한국어린이문학협의회 3대. 4대 회장을 하도록 내게 기회를 주셨고
5) 선생께 받은 영향으로 김치냄새와 된장냄새가 나는 동화. 동시 작품을 많이 썼고
6) 내가 쓴 《도깨비학교 문고》(디자인하우스 출판)는 약 3백만 권 이상 팔렸고
7) 내 동시집 《우리엄마 회초리》 등은 일본어로 번역 출간 준비 중.

6. 라즈니쉬

– 영적 눈을 뜨게 해준 내 삶에서 최고의 축복이자 은총인 영적 스승

1) 1970년대 라즈니쉬 공부를 시작한 이래, 라즈니쉬의 저서 250여권을 독파함.
2) 라즈니쉬 제자로 입문함.
3) 1차 영적 개안(1996. 6. 15)
4) 1996년 '비말끼르띠'라는 산야시를 받고 산야신이 됨.
5) 세계최초로 "라즈니쉬 예술론" 집필.
6) 국내 최초로 라즈니쉬 입문서 《영적 스승 라즈니쉬》 집필. 출판(명상출판사)
7) 2차 영적 개안(2006. 9. 3)하여 무향지도(無向之道)를 깨치고 무향선(無向禪) 체계를 세우고 공개함.(중앙불교신문, 브레이크뉴스)
8) 라즈니쉬의 해설서 사랑론, 행복론, 종교론, 성공론, 자연론, 평화론, 구도론, 제자론, 스승론 등 10여권을 집필 중.
9) 라즈니쉬학회를 창립하여 초대 회장에 취임.
10) 라즈니쉬 사랑론을 주간현대 연재 중.

문단데뷔

1) 1975년 월간 「시문학」에 서정주 선생 추천으로 시인으로 등단함.(추천 작품: 비밀, 넝쿨, 참회록 등)
2) 「월간 소년」에 동화 〈소싸움〉을 창비아동문고에 동시 〈비 오는 날〉 등을 발표하고 동화작가로 활동함.(이오덕 선생 추천)

일반 경력

1974-1976	서라벌고등학교 교사
1976-1978	공병우 한글기계화연구소 부소장(소장 공병우)
1978-1982	공병우 타자기 주식회사 대표이사 사장
1982	청와대 한글기계화 정책 자문
1976-	한글기계화추진회장
1985-1988	한국현실문제연구소 소장(이사장 정대철)
1988-1989	월간 「디자인」 편집 주간
1989-1991	월간 「굴렁쇠」 편집 주간
1991	한글표준글자꼴 제정 전문위원(문화부)
1992	남북한 한글자판통일추진회 회장

1992	한국 어린이문학협의회장
1992	민족문학작가회의 아동문학분과 위원장
1992	한국어린이문학협의회장
1994	삼성주부 교실. 롯데문화센터. 오리리문화센터 강사
1979	문장용 타자기 연구회 회장
1982	대한 인간공학회 정회원
1983	청와대 한글기계화 정책 자문위원
1976	정신적 스승 함석헌 선생에게 세례 받음(카톨릭여학생관 성경모임)
1996	영적 스승 라즈니쉬에게 산야스 받음(비말끼르띠)
1999	한글문화연구회 이사(이사장 정대철)
1995-1997	서울예술신학교 교수
2001	명상출판사 고문
2001	건강 미디어 왕국 CEO
2001-2005	정일형. 이태영 자유민주상 심사위원
2003.5	「샘이 깊은 물」에 공개구혼 뒤 새혼(KBS. TV 인간극장 5부작 방영)
2004	송현 새혼학교 설립(교장)
2004	성신여대 평생교육원 교수
2004.11	사법개혁 국민연대 공동대표로 추대됨
2005. 3	남북한 한글 폰트 비교연구회 고문
2005. 3	경기대학교 사회교육원에 결혼정보관리사 과정을 개설 주임교수 취임
2006	칭따오 이공대학 명예박사과정 "고수론" 특강 교수
2006.12	브레이크 뉴스 논설위원
2007	필화 사건(이명박 대통령 후보로부터 명예훼손으로 고발당함)
2008.10	한글날 글자꼴 집현전 전시회 자문위원(문화관광부 주최)
2008	브레이크뉴스 문화 예술상 심사위원장
2009	한국라즈니쉬학회 회장
2009	브레이크뉴스 주필
2010	한글학회 개혁 비상대책 위원
2010	한글학회 한글새소식 편집 자문
2011	세종시 명칭 제정 자문위원장
2012	송현행복대학 대표
2012	송현행복대학교 제천수련원 간판 닮
2014	한글학회 강당에서 회의 도중 쓰러져 심장이 18분 동안 멎음. 응급 수술 후 살아남
2016	한글문화원장
2016	무향선원 대표

방송 경력

1994 KBS 라디오 「행복이 가득한 곳에」 진행
1995 KBS 라디오 「송현 인생칼럼」 진행
1992 KBS TV 「비지니스맨 시대」 진행
1995 CV 텔레비전 채널 23번 「영재교실」 MC
1992 KBS TV 생방송 「여성」 단골손님으로 고정 출연
1999 CA 텔레비전 〈재능방송〉 「케이블 스쿨 가정교육」 MC
2005 SBS 라디오 「송현 인생 고민 상담」진행
2013 불교 TV 「송현 시인 행복발견」 1년 특강함
2014 불교 TV 「송현 시인 지혜발견」 6개월 특강
2014 팟케트 방송국 개국
2015 송현 돌직구 TV 개국

저서 및 대표논문

시집

1) 《청산의 서》(친학사 1968년)
2) 《참회록》(시문학사 1975년)
3) 《차를 마시면서 왜 뒤를 돌아보아야 하나》(작은책 1990년)

칼럼집

1) 《우리시대의 시민정신》(지식산업사 1985년)
2) 《대통령은 변소청소를 한 대나 어쩐대나》(작은책 1990년)
3) 《그대는 지금 누구를 만나야 한다》(정암문화사 1990년)
4) 《지식 한 트럭 보다한 눈물 한 방울》(명상 1990년)
5) 《글쎄 푼수를 떤대나 어쩐대나》(인화 1992년)
6) 《흔들리는 자녀를 바르게 키우기》(집문당 1995년)
7) 《여자는 알 수 없다》(자유문학사 1997년)
8) 《소리 내고 먹으면 더 맛있다》(한교원 1991년)
9) 《공개구혼》(한비미디어. 2002년)
10) 《지여처다》(2008년)
11) 《행복발견》
12) 《당신에게 남은 찬스가 많지 않다》

소설책

1) 《오빠의 방》(도서출판 명상 1991년)
2) 《소리,소리,소리》(동양문학사 1991년)
3) 《도청》(4권)(씨엔씨 미디어 1997년)
4) 《어머님 전 상서》(상.하 나눔사 2005년)
5) 《동정제》(근간)

동화집

1) 《판돌이 특공대》(종로서적 1987년)
2) 《쥐돌이의 비밀잔치》(현암사 1990년)
3) 《판돌이 대작전》(웅진출판사 1992년)
4) 《쥐돌이의 세상구경》(사계절 1998년)
5-15) 《도깨비학교 문고 11권》(디자인하우스 1992년)
16) 《판돌이와 똥개》(태동어린이 2001년)
17) 《판돌이 특공대》(태동어린이 2001년)
18) 《쥐돌이의 첫 번째 배낭여행》(명상 2000년)
19) 《쥐돌이의 두 번째 배낭여행》(명상 2002년)
20) 《엄마아빠 몰래 보던 만화책》(채우리 2002년)
21) 《공병우 박사 위인전》(2007년 작은 씨앗출판사)
22) 《어린이 도덕경》(10권 근간)
23) 《말하는 강아지 딱지》(근간)

동시집

1) 《우리 엄마 회초리》(명상 2001년)
2) 《풍뎅아 나랑 놀자》(명상 2001년)
3) 《코딱지 후비는 재미》(명상 2001년)

연구서

1) 《시인 함석헌》(명상 2000년)
2) 《영적스승 라즈니쉬》(명상 2000년)
3) 《한글기계화 개론》(청산 1984년)
4) 《한글 기계화운동》(인물연구소 1982년)
5) 《한글 자형학》(디자인하우스 1985년)
6) 《한글을 기계로 옳게 쓰기》(대원사 1989년)
7) 《시낭송 잘하는 법》(집문당 1996년)

8) 《두시간 연습으로 20m 헤엄치는 법》(지식산업사 1992년)
9) 《여성중심의사랑》(명상출판사 2003년)
10) 《남성중심의 사랑》(명상출판사 2003년)
11) 내가 완성한 오르가슴 체계도(근간)
12) 라즈니쉬 예술론 상. 하(근간)
13) 영어 30마디로 해외여행 10배로 즐기는 법(근간)

대표 논문

1) 어린이를 괴롭히는 아동문학(1986년 광장)
2) 우리를 괴롭히는 도깨비시들(1986년 광장)
3) 시낭송에 문제 있다(1986년 시문학)
4) 한국문단 지인론(동서문학 1986년)
5) 카이스트에는 왼손잡이만 있는가(1986년 샘이깊은물)
6) 풀어쓰자는 주장을 반박한다(1978년 한글기계화 회보)
7) 김정흠 교수의 [국한문혼용 과학적 고찰] 반론(한글새소식 1977년)
8) 조선글 타자기를 공개한다(샘이 깊은 물 1990년)
9) 한글자형학 정립을 위한 제언(시각디자인 1987년)
10) 과학적인 글자를 비과학적으로 쓰고 있다(마당 1986년)
11) 한글 글자꼴 변별론(1986년 디자인)
12) 한글컴퓨터와 정신착란(샘이 깊은 물 1986년)
13) 한글 글자꼴 연구(1986년 출판연구소 논문집)
14) 한글디자인 이전에 알아야할 기계화 상식(월간 꾸밈 1978년)
15) 문학 비평을 비평한다(1987년 광장)
16) 한글기계화 5공 청산을 해야 한다(샘이 깊은 물)
17) 어머니는 가장 위대한 스승(우리 엄마 회초리)
18) 자연은 가장 위대한 교과서(풍뎅아 나랑 놀자)
19) 김일성 주석님께 드리는 공개 편지(예감 1991년)
20) 동시가 살아야 어린이가 살고 어린이가 살아야 나라가 산다 (코딱지 후비는 재미)
22) IT시대의 동심과 자연(한국아동문학연구소 세미나 주제 발표 논문)
23) 한글기계화 글자판통일 기본 원칙(서울대학교 인문대학 세미나 주제 발표 논문)
24) 한글기계화 3벌식 글자판이 왜 과학적인가(카이스트 세미나 주제 발표 논문)
25) 오세훈식 5.33 무개념 화법을 꾸짖는다(2008년 한글 새소식)
26) 탈북자를 모독하는 새터민이라는 말을 쓰지 말자(2008년 브레이크뉴스)
27) 이명박 후보의 기독교 편향 태도를 꾸짖는다(2007년 브레이크뉴스)

28) 한승수 총리의 독도 나라 망신을 꾸짖는다(2008년 한글 새소식)
29)학자들에게만 교과서 집필을 맡겨서는 안 된다(2008년 브레이크뉴스)

업적

송현이 국내 최초로 한 일

1) 중학교 교사로 박정희 유신독재 반대 삭발(1974년. 부산 거성중학교 교사)
2) 도로표지판 한글글자꼴 연구 발표(월간 디자인지에 발표 1985년)
3) 한글기계화의 이론적 체계를 세운 《한글기계화개론》 출간(청산출판사 1985년)
4) 한글글자꼴에 대한 새로운 학문 《한글자형학》 출간(월간 디자인사 1985년)
5) 시낭송 이론적 체계를 수립한 《시낭송 잘하는 법》 출간(1996년 집문당)
6) 글자꼴 가독성 비교법 창안 (문화관광부 연구 보고서 2003년)
7) 새로운 성이론 "SS이론" 발명(2003년 일간 스포츠 연재. 여성중심의 사랑 출간)
8) 결혼정보관리사 과정을 경기대학교 사회교육원에 개설. 주임교수가 됨(2004년)
9) 생활 실천선 무향선(無向禪)을 창안하고 무향선원 개설(2006년. 서울)
10) 정신세계유목민 교육기관 무향자연학교 설립(강원도 원주 치악산 자락 2006년)
11) 2시간 연습으로 20미터 헤엄치는 "송현식 수영비법" 창안(1983년 지식산업사)
12) 송현 새혼학교 설립(2003년 서울. 수원)
13) 송현 결혼학교 설립(2004년 서울)
14) 라즈니쉬 해설서 《젊은 날에 만나야 할 영적 스승 라즈니쉬》출간(2000년 명상))
15) 함석헌 선생을 시인으로 조명한 《시인 함석헌》 출간(2000년 명상출판사)
16) 한국의 고유한 농촌 풍경을 동시와 동화 600여 편으로 담는 작업 완성(2004년)
17) 향명학(香暝學) 및 향선(香禪) 학술 체계 수립(한국향기명상협회 연재 중)
18) 문장용타자기연구회 발족, 한국 문단 타자기 시대 개척(1976년 정을병, 신석상 씨 등)
19) 박정희 정권 때 글자판투쟁 7년 전쟁에 뛰어들어 사생결단으로 싸워 꺼져가던 자판투쟁의 불씨를 살리고 교두보를 확보함(공병우 박사 자서전 평가)
20) 한글 글자판 통일을 위해서 상공부 장관 상대의 행정 소송을 주도함(한글기계화촉진회)
21) 청와대에 표준자판 폐지 건의 후 과기처와 공식 대담에서 승리함(뿌리깊은 나무 발표)
22) 북한 천리마 타자기 연구 분석 공개(세계일보 보도)
23) 북한이 천리마타자기 자판을 ISO(국제 표준기구)에 세계 표준으로 신정하자, 조목조목 분석 비판하여 김일성 주석에게 관련자 처벌을 공개 건의함(월간 예감 발표)
24) 한글기계화 표준자판 폐지를 위한 청와대 정책 자문 후 4벌식 폐지에 결정적 역할을 함(샘이 깊은 물 발표)
25) 남북한 글자판 통일 추진회 결성하여 남북자판 통일의 물꼬를 틈(회장: 송현, 부회장: 공병우 박사)

26) 공병우 박사로부터 경비 전액 지원 미국 유학 초청을 받고도 국내 글자판 싸움을 중단할 수 없어서 사양함
27) 3벌식 글자판 통일을 위한 청와대 정책 자문(전두환 정권 시절)
28) 제임스 조이스의 율리시즈를 보고, 한국판 율리시즈(실험장편소설-소리.소리.소리)를 집필함 2200매/ 동양문학 집중 분재 함)
29) 김영삼 대통령이 중국 방문 때 한자로 서명하는 것을 강도 높게 비판함(샘이 깊은 물)
30) 김대중 대통령이 유엔에서 영어로 연설하는 것을 강도 높게 비판함(우리말 우리얼 발표)

송현의 새로운 생각

1) 공병우 타자기주식회사 대표이사에 취임하자(31세 때) 매일매일 생애 마지막 순간처럼 치열하게 살기 위해 유서를 써 항상 몸에 지니고 다님
2) 구입하는 어린이가 주인공이 되는 그림동화 《도깨비학교 문고》 기획 집필(디자인하우스 약 300만권 팔림 1992년)

** **송현 밀리언셀러 동화책 도깨비 학교 구경하기**
http://www.adic.co.kr/ads/list/showNaverTvAd.do?ukey=86352

3) 국내 최초로 출판 경매회사 설립(2005년 연합뉴스, 조선일보 등 언론 보도)
4) 월간 「샘이 깊은 물」에 공개 구혼하여 새혼함(KBS TV 다큐멘터리 5부작으로 방영, 2003년)
5) 전문서적 집필을 지도하는 "송현 신발장 이론" 창안 (2003년 무항자연학교)
6) 이라크민병대 합류 한국민간참전지원단을 만들어 단장이 됨(2004년 월간 중앙)
7) 치매를 앓다 돌아가신 어머니 유골상자를 10여 년 째 머리맡에 모심(2005년 동아일보)
8) 빨리빨리총서 기획(명상출판사와 계약 2003년)
9) 나따사함(나홀 따로 사흘 함께) 방식의 새혼 생활을 실행에 옮김(2003년 국민일보 보도)
10) 국내 작가로 최초로 출판매니저를 둠(1997년 출판인 한성희 선생)
11) 문장용타자기 원고지 개발함(1987년 문장용 타자기 연구회)
12) 이선규 약학상 제정 제안(동성제약 제정)
13) 정일형 자유민주상 제정 제안(정일형 이태영 기념 사업회)
14) 회의시간 절약을 위해 서서 하는 회의를 최초로 실시함(공병우 타자기주식회사 1988년)
15) 스승의 은혜를 잊지 않기 위해 매년 5일 단식함(함석헌, 공병우, 라즈니쉬, 이오덕, 한창기 사장 기일)
16) 함석헌 선생께서 1식 하는 것을 보고 30여 년 째 아침을 먹지 않음(1일 2식)
17) 송현식 초집중 독서방법 개발(1992년)
18) 국내 최초 서면출판기념회 개최(1985년, 한글기계화개론 출판 때)

송현이 만든 말과 학술용어 - 약 1300개

1) 새혼(재혼의 새로운 말) – 네이트 국어사전에 실림(2006년)
2) 나따사함(나홀 따로 살고 사홀 함께 사는 새로운 행태의 삶) – 2004년 동아일보 보도
3) 들날뚱홀체(네모틀에서 벗어난 글자를 지칭하는 한글자형학 용어 1985년)
4) 지여처다 – 지금 이순간, 여기에서 처음 볼 때처럼 다시 못 볼 것처럼 사는 정신
5) 한글자형학 학술용어 400여개 만듬(1985년/변별점. 변별거리. 주판독. 종판독. 경험판독 등)
6) 성관련 비유법 용어 500여개 만듬(2003년/귀염둥이. 황금연못. 자습. 자립. 전지훈련 발사 등)
7) 향명학. 향선 용어 400여개 만듬(2005년 향명학. 향명산업. 채향사. 몰향. 탈향. 월향 등)

송현이 세계 최초로 한 일

1) 오르가슴 체계도 완성(일일경제 지면으로 연재 예정)
2) 라즈니쉬 예술론 집필(3600매. 명상출판사 출판 계약함 2000년?)
3) 지여처다 정신의 창조

기타

1) 스포츠 투데이에 SS이론 1년간 연재하여 송현 시인 팬럽 SS이론 카페 생김(2005년 회원 1만 3천명)
2) 월간「수정」에서 40대 중 한국 최고 고집쟁이 1번으로 선정 소개함(1984년 2월호)
3) 종로서적 제 94회 베스트셀러 작가와 대화 초대(1992년)
4) KBS TV「인간극장」에서 송현의 사랑과 삶을 다큐멘터리 5부작으로 방영(2003년 6월)
5) MBC TV "임성훈과 함께"에서 송현 새혼 부부의 사랑과 삶을 방영함(2003. 6월)
6) 월간중앙에서 송현의 삶을 "전방위 투사의 끝나지 않은 전쟁"으로 다룸(2003년 8월)
7) 일본 언론에서 SS이론을 일본에 소개하기위하여 집중 취재 중(2005. 3월)
8) 영국 교포신문에서 송현 SS이론을 인기에 연재 중(2005년)
9) 인터넷 신문 "브레이크뉴스"에 "송현 교수 SS이론" 연재 중(2005년)
10) 한글기계화박물관 건립 추진 중
11) 송현 대표 동시. 동화집 일본어 번역. 출간 준비 중(일본인 사꼬오 선생 번역)
12) 영화 "몽정기"의 정초신 감독이 송현 성장소설 "동정제"를 영화 제작 합의(2009. 2월)

상훈

1) 제4회 동아문학상 소설부 수상(1966년 동아대학교)

2) 제5회 동아문학상 시부 수상(1967년 동아대학교)
3) "명예타자석학" 칭호 받음(1983년 한국타자학회)
4) 월간 경향에서 "시대를 연출하는 사람"으로 선정함.
5) 한글학회에서 "한글문화 인물" 로 선정함(2003년)
6) 연합뉴스 발행 "한국인물사전"에 실림(2007년판)
7) 동시 〈갈새〉 초등학교 교과서 교사용지도서에 실림(2007년)
8) 전두환 정권 초기 포고령 위반으로 10일간 구속(포고령 해제로 석방)
9) 국내최초 문예주간지 「시사문화」가 FX칼럼니스트 칭호를 줌(시사문화)
10) 이명박 대통령 후보로부터 명예훼손으로 고발당함(기독교 편향 문제를 비판한 글 "부산의 사찰이 무너지게 하소서"란 칼럼 때문에 – 브레이크뉴스)

송현 행복대학교 송현 선생 강좌 안내

1) 몸값을 10배로 올리는 프로 과정(송현 신발장 이론 과정 – 월 2회 1년)
2) 21세기형 여성중심의 사랑법(SS이론 과정 – 주 1회 1개월)
3) 지금 여기에서 행복하기 과정(행복플레너 과정 – 월 2회 3개월)
4) 글쓰기 교실(문예창작 실기 과정 – 월 2회 6개월)
5) 무향선 수련 과정(송현이 창안한 생활 실천선 수련 – 주 1회 3개월)
6) 결혼매니저 과정(경기대학교 사회교육원 과정과 동일 – 월 2회 3개월)
7) 행복한 결혼면허증 과정(송현 결혼학교 과정 – 주 1회 1개월)
8) 직장인 성공비법(월 2회 3개월)
9) 라즈니쉬 연구과정(예술론. 사랑론. 인생론. 교육론. 명상론 – 주 1회 3개월)
10) 한글자형학 강좌(월 2회 6개월)
11) 한글기계화 강좌(월 2회 6개월)
12) 시낭송 법 과정(월 2회 3개월)
13) 송현식 수영비법 과정(주 1회 1개월)

㊟ 이 자료는 오류를 발견하는 대로 수정 보완함. **www.songhyunss.com**